BODO MÜLLER

GOLD UND UND GALEONEN

SEGELABENTEUER ZU DEN SCHATZINSELN DER PIRATEN

EDITION ✶ MARITIM

Impressum

Die Deutsche Bibliothek – CIP-Einheitsaufnahme
Müller, Bodo :
Gold und Galeonen : Segelabenteuer zu den Schatzinseln der Piraten /
Bodo Müller. – Hamburg : Ed. Maritim, 1996
ISBN 3-89225-344-7

© Edition Maritim GmbH 1996
Stubbenhuk 10, 20459 Hamburg

Umschlag: Buchholz/Hinsch/Hensinger, Hamburg
Karten: Katrin Lehmann, Travemünde
Satz: Utesch Satztechnik GmbH, Hamburg
Druck und Bindung: Clausen und Bosse, Leck

Fotos: Bodo Müller, Travemünde bis auf
Seite 11, 98, 136: Rüdiger Spott, Köln
Seite 57, 93: Per Schnell, Köln
Seite 77, 141 o., 185: Michael Romkowski, Havanna
Seite 94, 101: Wiel Verlinden, Swalmen
Seite 103: Alessandro Lopez, Havanna
Seite 104, 140 u.: Stephan Köster, Köln
Seite 143, 144, 216, 218 und Rückseitenfoto: Arne Hodalic, Ljubljana

Printed in Germany 1996
1. Auflage
ISBN 3-89225-344-7

Inhalt

Der Schoner LOUISETTE *steuert die Marina Hemingway in Havanna an.*

Vorwort

„Die Schatzinsel" – wer hat als Jugendlicher nicht dieses Abenteuerbuch von Robert Louis Stevenson gelesen? Die Faszination der wohl berühmtesten Seeräubergeschichte ist bis in die Gegenwart ungebrochen. Die Helden Jim Hawkins und Long John Silver leben bis heute fort. Und bis zum heutigen Tag lebt die Legende von den sagenhaften Goldschätzen, die die Piraten erbeuteten und irgendwo auf ihrer Insel an geheimen Plätzen vergruben – oder die, nachdem die spanischen Galeonen im Sturm vor Kubas Küste strandeten, seit Jahrhunderten auf dem Meeresboden ruhen.

Wo genau Stevensons Schatzinsel liegt, kann man aus dem Piratenroman nur schwerlich erfahren. Den Beschreibungen der Topographie ist zu entnehmen, daß sie irgendwo im Karibischen Meer liegen muß und über eine große Ankerbucht, mehrere kleine Naturhäfen, schwer durchdringlichen Urwald, Hügel als Aussichtspunkte und Höhlen zum Verstecken der Schätze verfügen muß.

Diese Beschreibung ist so vage, daß sich heute gleich mehrere touristisch erschlossene Eilande unter tropischer Sonne mit dem wohlklingenden Beinamen „Schatzinsel" schmücken. Doch es gibt Unterschiede: Stevenson meinte mit seiner Schatzinsel ein tatsächlich existierendes berüchtigtes Piratennest. Und da gibt es nur eine Insel, auf die die Beschreibung paßt: die Isla de Pinos im Süden Kubas.

Schon vor über dreihundert Jahren, spätestens nachdem der Seeräuber Alexandre Olivier Exquemelin in Holland „Das Piratenbuch von 1678" veröffentlicht hatte, wußte man in Europa von den Piratennestern auf der Isla de Pinos, der Kieferninsel. Hier verweilten unter anderem so prominente Seeräuber wie Drake, Morgan, Leclerc, Jol und der oben erwähnte Exquemelin. Auf der geschützten Isla de Pinos bunkerten sie

Proviant und Frischwasser, reparierten mit Kiefernholz ihre Schiffe und verteilten bzw. versteckten die geraubten Schätze.

Als der Romancier Stevenson rund zweihundert Jahre später für seinen Seeräuberroman recherchierte, muß er vom Seeräubernest im Süden Kubas erfahren haben. Archäologen und Piratenforscher sind sich heute einig: Wenn Stevenson für seine „Schatzinsel" eine konkrete geographische Vorlage benutzte, dann war es die Isla de Pinos südlich von Kuba.

In den letzten drei Jahrzehnten geriet die ehemalige Pirateninsel im kubanischen Archipel fast in Vergessenheit. Revolutionsführer Fidel Castro schottete sein Land ab. Die nordamerikanischen Nachbarn trugen mit ihrem Embargo wesentlich dazu bei, daß Kuba von der übrigen Welt isoliert wurde. Die wenigen Touristen wurden in ausgewählte Hotelanlagen dirigiert. Völlig ausgeschlossen war es, mit eigenem Schiff in Kuba auf Entdeckungsreise zu gehen.

Erst nach dem Zerfall der Sowjetunion, die Kuba mit Nahrung, Treibstoff und Dollars über Wasser hielt, mußte sich die größte Insel der Karibik öffnen, um zu überleben. Castro und Compañeros sehen nun im Tourismus die letzte Chance, die dringend notwendigen Devisen zur Rettung des Landes einzufahren. 1994 öffnete Kuba seine Häfen für Yachten aus aller Welt, und die erste Charterfirma aus Westeuropa ließ sich auf der Zuckerrohrinsel nieder.

Zu dieser Zeit lernte ich in Havanna den Archäologen Prof. Alessandro Lopez kennen. Lopez lehrt an der Universität Havanna Meeresarchäologie. Sein Steckenpferd ist die Piraterie, und auf diesem Gebiet ist er der prominenteste Experte der Karibik.

Auf einer Seekarte erläuterte er mir Stevensons „Schatzinsel" Isla de Pinos, die später unter Castro in „Isla de la Juventud" umbenannt wurde. Im Süden der Insel, die von schwer durchdringlichem Urwald bedeckt ist, tragen noch heute die Naturhäfen und Ankerbuchten die Namen legendärer Seeräuber. Und in der Abgeschiedenheit des Dschungels sollen die letzten lebenden Nachfahren der englischen Seeräuber zu finden sein.

Als ich dies hörte, hielt mich nichts mehr. Ich begann mit den Vorbereitungen einer Expedition zur Schatzinsel der Piraten. Nachdem ich alles zum Thema Piraten gelesen hatte, was mir unter die Finger kam, brauchte ich ein zünftiges Gefährt. Meine Wahl fiel auf einen schönen hölzernen Schoner: die LOUISETTE. Ich konnte ein deutsches Fernsehteam begeistern, und gemeinsam machten wir uns auf die Suche nach den Verstecken der Piraten auf Stevensons Schatzinsel – und natürlich wollten wir auch herausfinden, was aus den sagenhaften Schätzen geworden ist. Niemand von uns konnte vorher ahnen, welche Abenteuer wir auf dieser ungewöhnlichen Reise zu bestehen haben würden...

In Havanna

Der gequälte Hahn gibt einen letzten Todesschrei von sich, als die alte Zauberin ihm den Kopf abdreht. Die dicke schwarze Magierin beginnt zu singen, währenddessen ihr junger Meisterschüler, ein Mulatte, im Rhythmus mit den Füßen stampft. Ich habe Angst, daß uns die ganze Bretterbude über den Köpfen zusammenstürzt. Die Zauberin tröpfelt mit viel Hokuspokus das Blut des noch mit den Flügeln zuckenden Opfertieres auf einen kleinen Altar aus Steinen, Knochen und einem Rattenschädel. Davor kokelt eine schon fast abgebrannte Kerze.

Während sie ihre blutige Hand auf meinen Kopf legt und ich erwarte, daß sie die Zukunft unserer Reise voraussagt, nebelt ihr Meisterschüler das nächste Opfertier, ein mageres junges Täubchen, wieder mit dem Qualm einer dicken Havanna ein, und die ganze Prozedur mit Kopfabdrehen und Verspritzen des Blutes wiederholt sich. Die Taube stirbt widerstandslos und ohne Schrei, während der Hahn noch immer mit den Flügeln zuckt und sein körperloser Kopf noch Minuten nach der Exekution mit dem Schnabel nach Luft schnappt.

Die alte Zauberin wirft einen Blick auf die blutverschmierten Reliquien und sagt dann zu mir: „No se saca nada con resistir a las autoridadas." Frei übersetzt heißt das: Man erreicht gar nichts, wenn man sich nicht der Obrigkeit fügt.

Ich denke bei mir, den Spruch hätte ich mir auch selbst weissagen können. Mit freundlichem Lächeln kassiert die Magierin das vereinbarte Honorar von 50 Dollar. Auf kürzestem Wege verlasse ich die dunkle Gasse, wo Zauberin an Zauberin dicht nebeneinander wohnen. Kaum zu glauben, wir schreiben das Jahr 1996, doch wer in Havanna wissen will, was das Schicksal mit ihm vorhat, geht zu einer schwarzen Zauberin. Ich zähle mich eher zu den nüchtern denkenden Menschen und rechne aus, daß die Magierin aus zwei Tieren, die je einen Dollar kosten,

Eine kubanische Zauberin sagt den Verlauf der Expedition voraus.

binnen weniger Minuten einen Fünfzig-Dollar-Schein gezaubert hat. Kompliment!

Durch die wunderschönen alten Gassen des Hafenviertels von Havanna flutet das letzte Licht der im Atlantik untergehenden Sonne. Die vom Meer herüberwehende Brise riecht nach Salz und Fisch. In den schmalen Gassen vermischt sich dieser frische Geruch mit dem Aroma von Zigarren, Rum und Minze, dem wichtigsten Gewürz zum Mischen des Mojito. Das alte Havanna kann man riechen – und hören. Spätestens bei Sonnenuntergang werden aus den dunkelsten Löchern der verfallenden alten spanischen Kaufmannshäuser Trommeln und Gitarren geholt. Es beginnt die Nacht der Salsa- und Samba-Klänge. An jeder Ecke wird Musik gemacht. Man hat den Eindruck, das marode Havanna feiere jeden Abend eine riesige Party, und jeder ist dazu eingeladen. Trotz offensichtlicher Armut tobt Alt-Havanna am Ende des Tages vor Lebensfreude.

Wenn dann rund um die Plaza de la Catedral die Musiker ihre Instrumente zum Klingen bringen und die stehende Hitze des Tages einer frischen Brise Platz macht, kommen die jungen Mädchen in allen farblichen Schattierungen auf die Straße. Im Schein alter Gaslaternen tanzen sie sich die Seele aus dem Leib, so als wäre es das letzte Mal. Doch Abend für Abend beginnt dieses Spiel von neuem.

Während ich über den Paseo de Martí in Richtung Atlantik gehe, werde ich permanent angesprochen. Das ist in Kuba nicht neu, denn die Einheimischen sind von jeher außergewöhnlich kontaktfreudig, vor allem, wenn sie in dem Fremden einen Ausländer, einen hellhäutigen Gringo, erkennen. Doch seit vor einem Jahr der US-Dollar als Inlandswährung eingeführt wurde, hat sich der Inhalt der Straßenkontakte deutlich geändert. Nur noch selten fragen die Kubaner den Fremden, woher er komme und was er in Kuba mache. Jetzt geht's primär um harte Währung. Und sie bieten das wenige feil, was Kuba zu bieten hat: „Habana zigar, señor? Ron de Cuba? Una chica mulata?"

Schon nach einem Jahr zeichnet sich ab, welche irreversiblen Schäden die Einführung des US-Dollars als kubanische Inlandswährung für den karibischen Kommunismus nach sich zieht: Alle früheren Grundsätze von Gleichheit und Brüderlichkeit in Armut sind seit einem Jahr über Bord geworfen. Heute gilt auch in Havanna nur noch: Hast du Dollars oder nicht?

Und doch geht der Traum von einer gerechteren Gesellschaft hier ganz anders zu Ende als beispielsweise Anfang der 90er Jahre in Osteuropa. Das Weltkulturerbe Havanna fällt physisch in sich zusammen, doch die Bewohner sind guter Dinge, singen, tanzen und strahlen eine ansteckende Lebensfreude aus, wie man sie wohl in keiner anderen Hauptstadt der Welt findet.

Ich habe heute weder Lust auf Salsa noch auf Rum, sondern suche eine kühle und ruhige Ecke. Ich überquere die Malecon, jene berühmte alte Prachtstraße zwischen der Altstadt und dem Atlantik, klettere über die steinerne Uferbrüstung und setze mich auf die Felsen, zu deren Füßen der Ozean tobt und gelegentlich eine Ladung Gischt durch die Luft schleudert. Mit Salzwasser wische ich das von der Zauberin verspritzte Blut aus meinem Gesicht.

Heute ist Mittwoch, und ich bin schon den dritten Tag in Havanna. Bereits am Montag wollte ich von hier lossegeln, mit einem alten hölzernen Schoner in Richtung Westen zum Kap San Antonio, wo Kuba

nur noch als schmaler Finger in den Golf von Mexiko zeigt. Ziel der
Reise sollte die vom Kap San Antonio 90 Meilen südöstlich gelegene
Isla de Pinos sein, jenes alte Seeräubernest, das noch heute den Beina-
men „Die Schatzinsel" trägt.
Der gecharterte französische Schoner LOUISETTE liegt bereits in der
Marina Hemingway in Havanna. Der Proviant ist gekauft und an Bord
geschafft. Ich möchte zusammen mit dem deutschen Fernsehteam lie-
ber heute als morgen an Bord gehen und lossegeln, anstatt im Plaza-
Hotel die Zeit totzuschlagen.
Warum wir nicht einfach in See stechen? Irgend jemand hat sich in
Kuba gegen uns verschworen. Es ist wie beim Malefiz-Spiel: Ein Gegen-
spieler stellt einen Stolperstein in den Weg, den man wegräumen muß.
Doch kaum ist das Hindernis weggeräumt, steht vor einem der nächste
Stein, und so kämpft man sich mühsam voran.
Nach unserer Landung in Havanna erfuhren wir, daß der über eine
spanische Charterfirma bestellte Windjammer nicht auslaufen darf.
Ein kubanischer Altkommunist mit Namen Montenegro, der aufgrund
örtlicher Konstellationen mitbestimmen darf, was westliche Vercharterer in Kuba treiben, wollte uns den Schoner nicht mehr geben. Angeblich könnte man damit in der Tagescharter mehr verdienen. Alternativ
könnten wir aber auch 4000 Dollar Schmerzensgeld zahlen. Alle vorherigen Absprachen waren plötzlich null und nichtig. Ich rief Klaus Peter
Winter, den Chef der spanischen Charterfirma in Mallorca an. „Sorry,
was den Kubanern manchmal einfällt, ist auch für mich undurchschau-
bar", entschuldigte er sich. „Ich zahle die 4000 Dollar."
Das war der erste Stolperstein. Am Dienstag waren es unsere Papiere,
die angeblich nicht ausreichen. Zwar haben wir einen Chartervertrag,
auf dem sogar die Reiseroute von Havanna bis zur Schatzinsel Isla de
Pinos verzeichnet ist. Auch haben wir frisch ausgestellte Visa und Arbeitsgenehmigungen für das Kamerateam vom Centro de Prenso International, dem staatlichen Presseamt, erhalten. Doch der Chef der Küstenwache in der Marina Hemingway in Havanna erklärte, ohne eine
Genehmigung vom Tourismusminister könnten wir mit dem Schiff
nicht ausklarieren. Aber sonst sei alles in Ordnung...
Ich hätte es wohl nie vermocht, diesen Stein aus dem Weg zu räumen.
Geschafft hat es dann mein langjähriger Freund Michael Romkowski,

genannt „Mischa". Er lebt seit zwei Jahren in Havanna, um dort für den spanischen Yachtvercharterer K. P. Winter den Boden zu ebnen und eine Infrastruktur für den Wassersport-Tourismus aufzubauen. Mischa ist halb Deutscher, halb Spanier und spricht beide Sprachen perfekt. In zwei Jahren hat er im Umgang mit den Kubanern viele Erfahrungen gesammelt. Dank Mischas Hilfe und persönlicher Beziehungen hatten wir innerhalb eines Tages ein wohlgesinntes Schreiben vom stellvertretenden Tourismusminister.

Barriere Nummer zwei war weg. Doch der Chef der Küstenwache wollte uns immer noch nicht lossegeln lassen. Angeblich hätte er kurzfristig erfahren, daß wir für unsere außergewöhnliche Reise noch eine Genehmigung aus dem Innenministerium benötigen würden. Das sei notwendig, weil ein Fernsehteam an Bord wolle. Als Mischa die Nachricht ins Plaza-Hotel brachte, hatten wir kaum noch Hoffnung, diese Reise jemals antreten zu dürfen.

Besonders hart traf diese Nachricht unseren Filmproduzenten Per Schnell aus Köln, der im Auftrag des WDR mit einem hochmotivierten Team angereist war, und von Tag zu Tag wartete, ohne einen einzigen Meter Film produzieren zu können. Ich wußte keinen Ausweg mehr und bat Mischa, noch einen letzten Versuch zu unternehmen, die Genehmigung zum Auslaufen des Schiffes zu bekommen. Spätestens an diesem dritten Tag wurde uns klar, daß hier einer mit uns Malefiz spielt. Denn es war vorauszusehen, daß nach dem Schreiben des Innenministers, sofern wir ein solches überhaupt erhalten würden, das nächste Hindernis aufgebaut würde – dann vielleicht vom Maximo Lider Castro persönlich.

Mischa meinte, wir sollten ihm noch einen Tag Zeit geben. Er hätte noch Hoffnungen. Für heute, Mittwochabend um 20 Uhr, verabreden wir uns in Hemingways Stammkneipe „La Bodeguita del Medio".

Während ich gegen 19 Uhr gedankenversunken dem Sonnenuntergang auf dem Atlantik zusehe, wird hinter meinem Rücken auf dem Castillo del Morro das Leuchtfeuer gezündet. Dieses Feuer wies schon vor Jahrhunderten den spanischen Galeonen den Weg in die sichere Festung La Habana. Hier waren die goldgierigen Konquistadoren vor Piratenangriffen geschützt, und hier sammelten sie ihre Flotten, um die kostbare Ladung in sicherem Geleit über den Atlantik nach Spa-

Das Castillo del Morro an der Hafeneinfahrt von Havanna.

nien zu segeln. Zwischen meinem Standort am westlichen Ufer der Hafenausfahrt und dem gegenüberliegenden Leuchtturm hatten die Spanier nachts eine schwere Kette durchs Wasser gespannt, damit keine Piratenflotte das spanische Machtzentrum in der Neuen Welt erobern und plündern konnte.

Heute haben Kubas Kommunisten eine unsichtbare Kette quer durch die Hafenausfahrt von Havanna gespannt. Sie schützt nicht vor ungebetenen Eindringlingen, sondern hindert uns am Auslaufen zu den vergessenen Schlupflöchern der Piraten. Der unglückliche Stern, der über dem Beginn unserer Expedition steht, ist eine Woche vor unserer Ankunft in Havanna abgestürzt: Zwei Sportflugzeuge aus den USA wurden von kubanischen MiGs vom Himmel geholt. Und unsere geplante Segelreise zur Schatzinsel führt unmittelbar an der Absturzstelle vorbei. Wir haben Tauchausrüstung an Bord und ein professionell ausgerüstetes TV-Team mit Kamera und Scheinwerfern für Unterwasseraufnahmen. Was mögen die Kubaner denken? Vielleicht halten sie unsere geplante Reise auf den Spuren der Piraten nur für einen Vorwand, um in Wirklichkeit ganz andere Dinge zu filmen.

Während ich auf dem Felsen sitze und mich gedanklich auf das Gespräch mit Mischa vorbereite und verschiedene Varianten überlege, wie wir doch den Windjammer aus dem Hafen bekommen, bemerke ich, daß hinter mir jemand steht. Instinktiv ziehe ich meine Kameratasche näher an mich heran und schlüpfe mit dem linken Arm durch den Tragriemen. Havanna gilt immer noch als eine der sichersten Metropolen der Welt, doch für einen Augenblick lang fühle ich mich im Halbdunkel sehr unsicher.

Langsam drehe ich mich um und sehe links neben mir zwei lange braune Beine, die in eine sehr kurz abgeschnittenen Jeans münden. Die junge Mulattin, ich schätze sie auf etwa 22 Jahre, guckt mich einen Moment lang von oben genauso neugierig an wie ich sie von unten. Über ihrem Oberkörper trägt sie ein eng sitzendes T-Shirt, das ihre wohlgeformten Proportionen ahnen läßt. Sie hat langes pechschwarzes Haar, und wie viele kubanische Mulattinnen ist sie ausgesprochen hübsch.

In der unkomplizierten kubanischen Art setzt sie sich zu mir und stellt sich auf spanisch vor: „Hola, me llamo Cristina, y tu?"

„Liebe Cristina", sage ich, „ich habe leider keine Zeit für dich. In einer Stunde muß ich zu einer geschäftlichen Verabredung."

„Warum bist du so schlecht gelaunt? Hast du noch immer keine Genehmigung zur Segelreise?"

Erschrocken sehe ich die junge Frau an: „Sag mal, bist du vom kubanischen Geheimdienst?" Nachdem ich das so spontan dahergesagt habe, fällt mir ein, daß der Gedanke überhaupt nicht abwegig ist. In der ehemaligen DDR, in der ich aufgewachsen bin, wurden westliche Journalisten rund um die Uhr observiert.

„Ich studiere Archäologie und mache ein Praktikum in der Firma Carisub."

„Wer ist Carisub?"

„Das ist eine staatliche Firma, die Unterwasser-Archäologie betreibt und nach den alten Schätzen taucht und solche vom Meeresgrund holt."

„Und dort spricht man schon von unserer Segelreise?"

„Daher weiß ich von eurem Vorhaben. Außerdem ist es schon Stadtgespräch in Havanna, daß in der Marina Hemingway ein französischer

Schoner liegt, der mit einer deutschen Crew zur Schatzinsel segeln soll, aber keine Erlaubnis dazu bekommt."

Die völlig unerwartete Bekanntschaft schürt mein Mißtrauen, aber auch meine Neugier. Ich frage die braune Schöne, ob sie mit mir auf einen Cuba Libre zur Plaza de la Catedral kommt. Ihr Ja kommt mit einer solchen Begeisterung, als hätte ich ihr ein großes Geschenk gemacht. Sie hakt mich unter, als seien wir ein altes Liebespaar und grüßt aufwendig jeden Bekannten, wobei sie mich jedesmal genauso aufwendig vorstellt.

In dem herrlichen Terrassencafé vor der berühmten Kathedrale sitzen wir unter Palmen und schlürfen eisgekühlten Cuba Libre, jenes Nationalgetränk, das zu etwa gleichen Teilen aus kubanischem Rum, Eiswürfeln und nordamerikanischer Cola gemischt wird. Hinter uns spielt eine Gitarrengruppe die schönsten Balladen, die die kubanische Folklore zu bieten hat.

„Allein könnte ich nie hier sitzen und einen Drink bestellen", sagt Cristina, „ich habe im ganzen Monat umgerechnet weniger als zehn Dollar zum Leben. Würde ich nicht zusätzlich arbeiten, wäre es noch weniger."

„Und wie lebt man mit so wenig Geld in Kuba?"

„Entweder man ist mit der Tüte Reis zufrieden, die jeder im Monat bekommt, oder man schafft Dollars an. Akademiker gehen nicht zur Arbeit, sondern jobben in den Hotels als Kofferträger. Junge Ärztinnen arbeiten gelegentlich als Prostituierte. Da verdienen sie in einer Nacht mehr als in einem Monat in der Klinik." Ich versuche, mir meine Nachdenklichkeit, in die mich ihre Schilderung gestürzt hat, nicht anmerken zu lassen und elegant das Thema zu wechseln.

„Cristina, du scheinst ziemlich gut zu wissen, in welcher Klemme wir stecken und kennst möglicherweise eine Lösung. Wie schaffen wir es, daß unser Schiff ablegen darf?"

„Ich habe auch ein großes Problem. Ich suche einen Mann, der mich hier rausholt und mich mit nach Europa nimmt", sagt die junge Mulattin und sieht mich dabei aus ihren tiefschwarzen Augen an.

Während ich diese Worte zu verdauen versuche, schweifen meine Gedanken zurück an den Anfang dieser voller Überraschungen steckenden Reise.

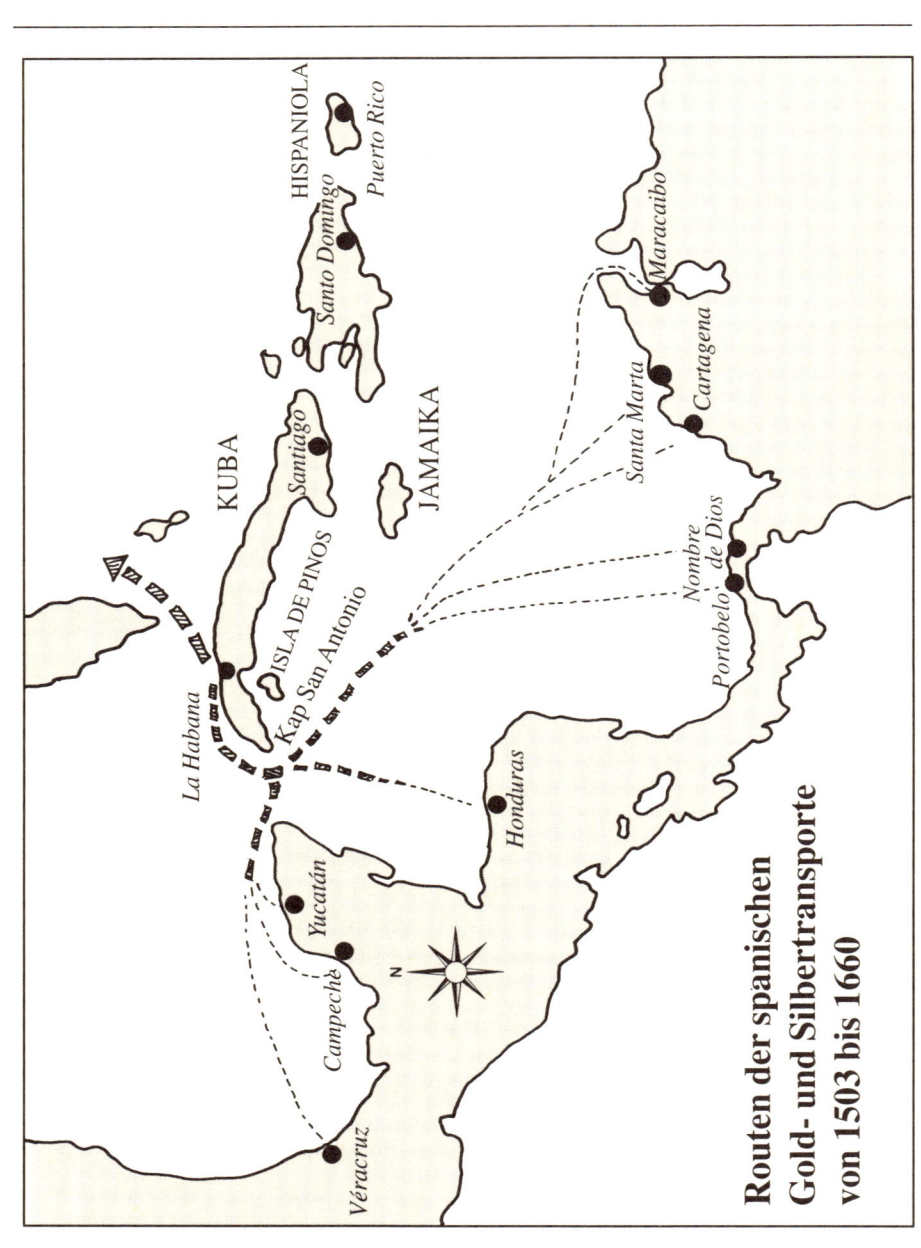

Routen der spanischen Gold- und Silbertransporte von 1503 bis 1660

HISPANIOLA

Puerto Rico

Santo Domingo

Maracaibo

Cartagena

Santa Marta

KUBA

Santiago

JAMAIKA

Nombre de Dios

Portobelo

ISLA DE PINOS

Kap San Antonio

La Habana

Honduras

Yucatán

Campeche

N

Véracruz

Konquistadoren, Gold und Galeonen

Am Anfang stand die Gier nach dem Gold. Noch nie war die Entdek-kung eines Kontinents so sehr mit der Besessenheit verbunden gewe-sen, möglichst viel von dem gelben Metall zu finden. Schon Kolumbus rechtfertigte seine Reise nach den Westindischen Inseln mit der Inbe-sitznahme von Ländereien, die reich an Gold seien.

Was dem Amerika-Wiederentdecker nur mäßig glückte, gelang den in seinem Kielwasser folgenden Konquistadoren mit List und Grausam-keit: Innerhalb weniger Jahrzehnte raubten sie den Ureinwohnern Mit-telamerikas nahezu den gesamten Besitz an Kult- und Schmuckgegen-ständen aus Edelmetall. Und seit Mitte des 16. Jahrhunderts, als es fast nichts mehr zu stehlen gab, wurden die Überlebenden des spanischen Kreuzzuges in den Gold- und Silberbergwerken zwischen Mexiko und Venezuela zu Tode geschunden. Dieses überaus brutale Vorgehen blieb schon damals in Spanien nicht ohne Widerspruch. Die Kritiker nannten die Bergwerke und Hütten, in denen die Indios das Edelmetall gewin-nen mußten, „Schlachthäuser der Indios". Doch die hemmungslose Gier nach Gold war stärker als jeder Appell an die Menschlichkeit.

Dank der Akribie, mit der damals spanische Chronisten über ihre Beu-te Buch führten, wissen wir heute, welche unglaublichen Mengen Edel-metall den Indios geraubt und nach der Iberischen Halbinsel verschifft wurden. Es übersteigt fast unsere Vorstellungskraft, daß spanische Ga-leonen fast ausschließlich mit Gold und Silber beladen in die Heimat zurückkehrten – jede einzelne mit 180 bis 240 Tonnen der kostbaren Fracht beladen! Aus der Statistik der spanischen Krone wissen wir, daß zwischen 1531 und 1700 die Ladungen zu 90 bis 99 Prozent aus Edel-metall bestanden. Den Rest bildeten Häute, Indigo und Koschenille (karminroter Farbstoff, der aus der Koschenille-Schildlaus gewonnen wird). In den ersten Jahrzehnten der Ausbeutung, konkret von 1503 bis

1530, transportierten die spanischen Galeonen ausschließlich Gold! Das Edelmetall aus Mittel- und Südamerika wurde aus strategischen Gründen zuerst nach Havanna verschifft. Die größte Hafenstadt der Insel Kuba war ab Beginn des 16. Jahrhunderts eine schwer gesicherte spanische Festung. Ein- bis zweimal im Jahr sammelte sich dort eine Armada von durchschnittlich 35 Handelsschiffen, eskortiert von acht bis zehn kanonenbestückten Kriegsschiffen, die die kostbare Fracht während der Reise über den Atlantik sicherten.

Dank der Buchführung der spanischen Krone ist heute bekannt, daß während der Hochkonjunktur der Schatzflotten in den Jahren 1503 bis 1660 insgesamt 181 Tonnen Gold und 16887 Tonnen Silber dem Königshaus übergeben wurden. Daß bei derartig schwindelerregenden Reichtümern die Versuchung von Schiffern und Reedern groß war, das eine oder andere Stück am Auftraggeber vorbeizuschmuggeln, wußte man schon damals in Madrid und schätzte die tatsächliche Einfuhrmenge um rund ein Drittel höher. Heute wird die Gesamteinfuhrmenge während des oben angegebenen Zeitraums, unter Berücksichtigung der Veruntreuung, auf 300 Tonnen Gold und 25000 Tonnen Silber beziffert.

Unter solchen Zahlen kann man sich nur schwer etwas vorstellen. Auch die Umrechnung in den heutigen Marktwert übersteigt jegliche Vorstellungskraft. Legt man einen derzeitigen Goldpreis von rund 18 DM pro Gramm zugrunde, dann hat die spanische Krone den Indios Mittelamerikas einen Goldschatz im Wert von sage und schreibe 5400000000 DM (in Worten: fünfkommavier Milliarden Deutsche Mark) geraubt. Der Wert des nach Spanien transportierten Silbers würde sich heute bei einem Marktwert von 0,20 DM pro Gramm sogar auf 183000000000 DM (achtzehn Milliarden Deutsche Mark) belaufen.

Derart sagenhafte Schätze konnten die Spanier nicht geheimhalten. Die Kunde davon loderte wie ein Lauffeuer durch die europäischen Häfen. Doch keine der späteren Seefahrtsnationen England, Holland und Frankreich hatte damals schon eine entsprechend starke Flotte, um der spanischen Armada den offenen Kampf anzusagen oder zumindest einige der mittelamerikanischen Ländereien für sich zu erobern. Dennoch gab es in den drei genannten Ländern reichlich risikobereite Kapitäne und Reeder sowie tatendurstige Abenteurer, die der Meinung waren, daß man diese Goldquelle nicht allein den Spaniern überlassen dürfe. Mit zum Teil moderneren Schiffen als den schwerfälligen Gold-Galeonen der Spanier machten sich zuerst englische, später auch französische und holländische Freibeuter mit kampferprobten und hochmotivierten Mannschaften auf den Weg in die Karibik. Einige von ihnen, wie der legendäre Francis Drake, hatten obendrein das Glück, durch einen Kaperbrief der Königin, der die Räuberei legalisierte, zumindest im eigenen Lande geschützt zu sein. Damit wurde der Pirat zum Korsar, mußte einen Teil der Beute der Queen abgeben, brauchte dafür aber zu Hause nicht den Strick zu fürchten. Die meisten jedoch waren gemeine Freibeuter und handelten in eigenem Auftrag und in dem Wissen, daß ihnen in vielen Ländern, mitunter sogar im eigenen, der Galgen drohte.

Welche Mengen von dem indianischen Gold und Silber die Korsaren und Freibeuter den Spaniern abnahmen, darüber gibt es keine Statistik. Die Räuber hatten – aus verständlichen Gründen – über ihre Schandtaten nicht auch noch Buch geführt. Ausnahmen bildeten nur einige der „legal" handelnden Korsaren wie Drake oder Hawkins sowie ein Pirat mit Namen Exquemelin, der 1678 in Amsterdam seine Erlebnisse in einem Buch über die amerikanischen Seeräuber veröffentlichte.

Doch das sind nur kleine Bruchstücke eines großen Mosaiks, und man erfährt daraus nicht, um wieviel Gold die Piraten die Spanier erleichterten. Aus den Archiven der spanischen Krone weiß man zumindest annäherungsweise, wieviel Edelmetall den Konquistadoren verlorengegangen ist. Dort wurde Buch geführt, wieviele Galeonen mit welcher Tonnage nach Amerika segelten und wieviele davon im Verband der Gold- und Silberflotte wieder zur Iberischen Halbinsel zurückkehrten. Während der erwähnten Hochkonjunktur der Gold- und Silbertransporte von 1503 bis 1660 schickte die spanische Krone 10 635 Galeonen ins El Dorado, doch nur 7332 kamen zurück. Es fehlen exakt 3 303 Schatzschiffe mit einer Ladekapazität von 503 300 Tonnen.

Bleibt die Frage zu klären, wo die 3 303 spanischen Schiffe geblieben sind. Man sollte sich in etwa die Route vor Augen führen, die die goldbeladenen Galeonen segelten. Ihre kostbare Ladung übernahmen sie in den sämtlich Spanien gehörenden mittelamerikanischen Häfen am

Karibischen Meer. Das waren vor allem Veracruz, Campeche, Yucatán (heute Mexiko), Honduras (Honduras), Portobelo, Nombre de Dios (Panama), Cartagena, Santa Marta (Kolumbien) und Maracaibo (Venezuela). Von dort segelten die Galeonen einzeln oder in kleinen Gruppen mit der kostbaren Fracht in Richtung Kap San Antonio, der Westspitze Kubas, und dann weiter nach Havanna. In Havanna wurde das Edelmetall mitunter monatelang zwischengelagert und nur ein- oder zweimal pro Jahr im großen Geleitzug unter schwerer Bewachung über den Atlantik verschifft. Ein solcher Geleitzug ist unseres Wissens nie von Räubern erobert, auch nie vom Unwetter aufgerieben worden.

Die großen Verluste entstanden demnach auf dem Weg vom amerikanischen Festland nach Havanna. Um dieser Frage auf den Grund zu gehen, traf ich mich im Jahre 1995 erstmals mit Prof. Alessandro Lopez in Havanna. Lopez ist einer der bekanntesten Meeresarchäologen der Karibik und ein erstklassiger Kenner der Geschichte der Piraterie.

Ich besuchte ihn in seiner Wohnung in einer schönen alten Villa im oberen Teil des Stadtviertels Vedado, wo einst das gehobene Bürgertum von Havanna lebte. Die Wohnung des Piraten-Forschers gleicht einem kleinen Museum der Meeresarchäologie. Genauso hatte ich mir die Wohnung eines Mannes vorgestellt, der an der Universität Vorlesungen über Konquistadoren, Goldtransporte und Piraten hält.

Auf meine Frage, wo und wodurch die 3303 spanischen Galeonen mit der kostbaren Fracht verschwunden seien, antwortete Lopez: „Wenn du wissen willst, wo das Gold liegt, mußt du nach den Piraten suchen." Und nach einer kurzen Pause fügte er hinzu. „Diese Zahl hast du aus den spanischen Archiven. Ich glaube nicht, daß jede vermißte Galeone gleich mit einer Ladung Edelmetall verschwunden ist. Ein paar hundert der nicht wieder nach Spanien zurückgekehrten Schiffe sind aus technischen Gründen aus der Schatzflotte ausgemustert worden. Sie hatten zwar die Hinreise zum mittelamerikanischen Festland geschafft, wurden dort aber als nicht mehr seetauglich befunden, um zurück über den Ozean zu segeln. Also blieben sie in Honduras, Panama oder Kolumbien und segelten vielleicht noch ein paar Jahre im regionalen Küstenverkehr."

„Dann bleiben immer noch rund 3000 Galeonen, die ihre Fracht nicht zum Ziel brachten."

„Das ist richtig. Diese Schiffe sind auf dem Weg vom Festland nach Havanna verschwunden."

„Und da liegen sie noch heute?"

„Vor dem amerikanischen Festland liegen nur wenige gesunkene Galeonen. Die Spanier waren gute Seeleute, die genau wußten, wie hoch sie am Wind fahren konnten, und sie haben nur bei günstiger Windrichtung die Ankerbuchten verlassen. Nur bei fahrlässiger Handlung eines Kapitäns oder aufgrund eines technischen Defektes konnte dort ein Segler auf Legerwall geraten und stranden. Wenn die Galeonen einmal auf offenem Wasser waren, konnte vom Seglerischen her nicht mehr viel passieren."

Lopez rollte eine Seekarte der Karibik aus und zeigte mir den Weg der Galeonen: „Die größten Gefahren lagen hier", sagte der Archäologe und zeigte auf den Südwesten Kubas. „Die Steuerleute versuchten, das Kap San Antonio zu erreichen, doch es war damals schwierig, die geographische Länge zu ermitteln. Also konnten sie durch Abdrift leicht weiter östlich bei Isla de Pinos oder im Inselgewirr des Archipiélago de Los Canarreos landen. Den Korallenbänken, die dort unter Wasser lauern, fielen etliche Galeonen zum Opfer. Diese Region war zugleich das Zentrum der Piraterie."

Lopez erklärte, es gäbe ein umfangreiches Verzeichnis der gesunkenen spanischen Galeonen vor Kubas Küste. Die meisten Schiffe lägen im Seegebiet zwischen Kap San Antonio und Isla de Pinos, in den umliegenden Flachwassergebieten und Korallenbänken sowie im Umfeld der ehemaligen Piratennester. Einige Wracks seien auch an der Nordküste, etwa zwischen Kap San Antonio und Puerto Esperanza zu finden.

„Von 1300 gesunkenen Galeonen vor Kubas Küste haben wir inzwischen Kenntnis. Sicher gibt es noch mehr, denn nicht von jeder Strandung oder von jedem Piratenüberfall drang die Kunde bis nach Havanna."

„Und man kann diese Wracks heute noch finden?"

„Ja, aber es ist schwierig. Es waren Holzschiffe, die vor rund vierhundert Jahren gesunken sind. Beplankung, Aufbauten und Rigg sind völlig verschwunden. Wenn noch etwas übrig ist, ist es der untere Teil vom Spantenskelett mit dem Kielbalken. Und die Kanonen und Anker sind übriggeblieben. Aber über allem wuchern seit Jahrhunderten Korallen.

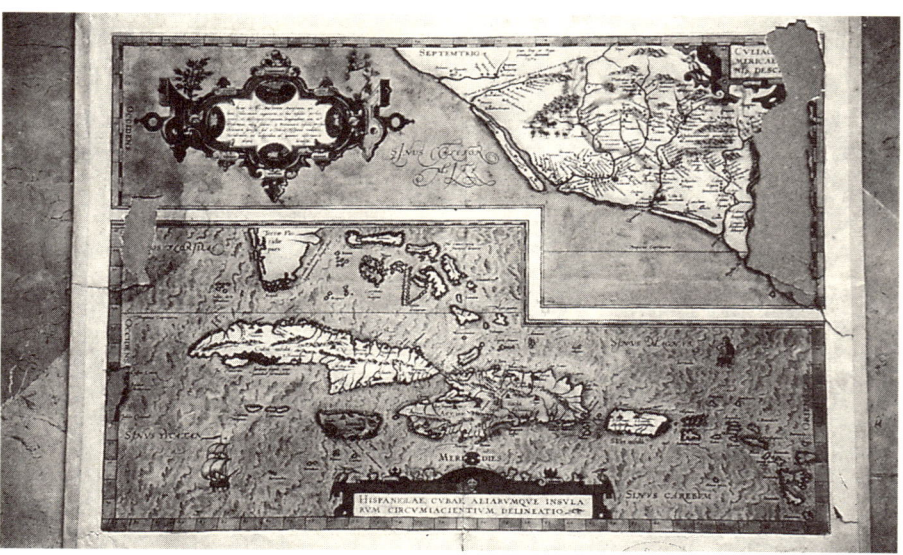

Nach solchen Seekarten segelten die spanischen Konquistadoren: das Seegebiet der Karibik (oben) und der kubanische Archipel.

Man braucht viel Erfahrung, um solch ein Wrack zu entdecken. Und wenn du an die Ladung willst, mußt du dich zuerst durch die Korallen arbeiten. Das ist selbst für einen geübten Taucher eine harte und langwierige Arbeit."

Lopez tauschte die Karte gegen eine alte spanische. Er grinste dabei, als würde er mich in einen geheimen Plan einweihen. „Wenn ich zu der Zeit gelebt hätte, wäre ich Pirat geworden. Genau hier hätte ich meine Piratenflotte auf die Lauer gelegt – am Kap San Antonio. Da mußten alle vorbei mit ihren schweren Goldkisten. Und da hatten die Räuber immer viel Arbeit."

Während er eine etwas modernere und detailliertere Seekarte vom Kap San Antonio darüberlegte, ergänzte der Archäologe: „Hier findest du noch alle Schauplätze; sie tragen noch heute die Namen aus dem goldenen Zeitalter: Punta Hollandes, wo die Holländer die Galeonen in die Klippen trieben und dann beraubten. Da ist die Quelle des kochenden Wassers, wo die Piraten ihr Süßwasser holten, und gleich daneben liegt die Seeräuberbucht Maria la Gorda, die noch heute den Namen der berühmtesten Piraten-Hure trägt."

„Und was hättest du gemacht, wenn dich die Spanier am Kap San Antonio mit einer Übermacht angegriffen hätten?"

„Dann wäre ich zur Isla de Pinos gesegelt. Siehst du diese große Insel östlich vom Kap? Da gibt es den Urwald San Pedro, und du kannst tief in den Dschungel hinein segeln. Aber nur mit kleinen Piratenschiffen, weil es da nur zwei Meter tief ist. Die Spanier mit ihren schweren Schiffen konnten nichts machen, außer vor Wut ein paar Breitseiten in den Urwald schießen. Und nach ein paar Tagen mußten sie weiter, weil sie kein Trinkwasser mehr hatten.

Die Räuber waren schlau und machten gemeinsame Sache mit den Indianern – so bekamen sie immer Wasser. Beide hatten ja den gleichen Feind, die Spanier. Fleisch kauften die Piraten von den französischen Bukaniern, die zusammen mit den Indianern im Urwald jagten. All die Orte gibt es heute noch, und sie heißen auch noch wie damals im Goldenen Zeitalter: der Dschungel San Pedro, die englische Quelle, die Lagune der Bukaniere, der englische Aussichtspunkt, die Höhle des französischen Piraten Leclerc, dem Holzbein, und die Bahia de Siguanea wo die Flotte von Francis Drake ankerte."

Der kubanische Meeresbiologe Professor Alessandro Lopez.

„Jetzt brauchen wir nur noch zu wissen, wo die Schätze liegen."
Lopez holte eine Flasche kubanischen Rum, goß zwei Gläser voll und
rezitierte das Lied aus Stevensons Schatzinsel:
„Fünfzehn Mann auf des toten Mann's Kist –
Johoho und 'ne Buddel voll Rum!"
Wie ein kleines Kind seine Murmeln hervorholt, zeigte er mir Säbel,
Anker und Keramikgefäße, die er vom Meeresboden geborgen hatte.
Bestimmt hatte er auch anderes gefunden.
„Die Isla de Pinos", fuhr Lopez fort, „war der Ort, wo die Räuber ihre
Schätze versteckten. Sie trägt noch heute den Beinamen „Isla de Teso-
ra", die Schatzinsel. Wenn Robert Louis Stevenson beim Schreiben sei-
ner „Schatzinsel" eine konkrete Insel im Auge hatte, kann es nur diese
sein. Sowohl von der physischen Gestalt als auch von den Seeräuberty-
pen her, die hier lebten, wäre die Schatzinsel das genaue Abbild von
der Isla de Pinos."
„Wie erfahre ich mehr über die Räuber und Ihre Schätze?"
„Du mußt zur Isla de Pinos segeln", sagte der Piratenforscher. „Wer

wissen will, wo die Schätze liegen, muß nach den Piraten suchen. Im Süden der Insel, wo noch heute undurchdringlicher Urwald herrscht, findest du die letzten lebenden Urenkel."

Der Archäologe, der am liebsten selbst Pirat gewesen wäre, verteilte den Rum aus der Flasche und summte die Melodie des alten Seeräubersongs aus Stevensons „Schatzinsel". Als ich meine Augen schloß, sah ich die Typen von damals vor mir: den Schiffsjungen Jim Hawkins, den ausgesetzten Piraten Ben Gun und die legendäre Gestalt des Long John Silver.

In dieser Stunde fiel meine Entscheidung: Ich komme wieder, nehme mir einen Schoner und segele von Havanna zur Schatzinsel der Piraten.

Hemmingways Stammkneipe „La Bodeguita del Medio" in Havanna.

Adios Malecon

Die Zeit vergeht, während mir diese Erinnerungen durch den Kopf gehen. Endlich ist es soweit, es ist Mittwochabend, und gemäß unserer Verabredung treffe ich meinen Freund Michael Romkowski in Hemingways Stammlokal „La Bodeguita del Medio". Diese urige Kneipe liegt in der Empedrado, nahe der Plaza de la Catedral, also mitten in der Altstadt La Habana Vieja. Noch heute hängt über dem uralten Tresen aus dickem Zedernholz Hemingways originale Handschrift, inzwischen leicht vergilbt und hinter Glas gerahmt, mit dem vielzitierten Spruch: „Muy mojito en el Medio – muy daiquiri en la Floridita." Seinen Mojito trank er am liebsten in der Bodeguita del Medio, seinen Daiquiri in der Floridita-Bar. „Papa Ernesto", wie die Kubaner den nordamerikanischen Autor, der seinen Wohnsitz nach Havanna verlegt hatte, liebevoll nannten, hat damit seiner beliebten Mojito-Bar ein ewiges Denkmal gesetzt.

Noch heute wird hier der beste Mojito in Havanna gemixt, und zwar aus reichlich frischer grüner Minze, Zitrone, Eis, ein wenig Mineralwasser und einem großen Schuß weißen kubanischen Rums. Und wenn der 72 Jahre alte Barkeeper etwas Zeit hat, dann sagt er: „Amigo, dieser schöne alte Hocker, auf dem du gerade deinen Arsch breit drückst, das ist genau der Stuhl, auf dem Papa Ernesto gesessen hat."

Die Wände der kleinen Kneipe sind vollgekritzelt mit Autogrammen, dazwischen hängen Fotos von den Stars, die sich hier verewigt haben. Neben den Fotos vom Hochseeangler Ernest Hemingway sieht man die verblichenen Lichtbilder vom schönen Revolutionshelden Ernesto „Che" Guevara, daneben lächeln unter vielen anderen Prominenten auch Jane Fonda, Joan Baez und der Zigarre rauchende Comandante Fidel.

Michael Romkowski ist direkt vom kubanischen Büro des Schiffsver-

Die handschriftliche Notiz von Hemmingway (oben) belegt noch heute, wo der beste Mojito in Havanna gemixt wird.

charterers K. P. Winter hierher gekommen. Trotz des Stresses, den Mischa täglich zu bewältigen hat, wirkt er recht fröhlich und bestellt zwei Mojitos. Ich hatte ihn vor zwei Jahren in dieser Kneipe kennengelernt. Der damals Dreißigjährige mit langem blonden Haar und heller Gesichtsfarbe fiel auf, weil er sich mit den Kubanern perfekt in deren Landessprache unterhielt. Nebenbei sprach er ein akzentfreies Deutsch, ohne jeglichen Dialekt, der seine Herkunft verraten hätte.

Mischa war damals der erste Deutsche mit Arbeitsplatz und festem Wohnsitz in Havanna. Als gebürtiger Deutscher, der in Spanien und Frankreich zur Schule ging und deshalb diese Sprachen perfekt spricht, hatte er im Chartergeschäft auf Mallorca gearbeitet. Als sein Brötchengeber Klaus Peter Winter den Versuch startete, im noch kommunistischen Kuba eine Charterfirma nach westlichem Vorbild aufzubauen, schickte er ihn als ersten Vorboten.

Mischa hatte in Havanna schnell herausgefunden, wer etwas zu sagen hat, und schon im Sommer 1994 war es möglich, auf Kuba die ersten komfortablen Segelyachten und Fahrtenkatamarane für einen Urlaubstörn zu mieten. Das ganze funktioniert nur mit westeuropäischen bzw. amerikanischen Touristen. Ein Kubaner mit einem durchschnittlichen Monatseinkommen von etwa zehn Dollar kann sich das natürlich nie leisten. Auch lassen die kubanischen Behörden ohne aufwendiges Genehmigungsverfahren bis heute keine Einheimischen mitsegeln. Trotz der offiziellen Ausreisemöglichkeiten besteht nach wie vor Fluchtgefahr nach Florida.

Meinen Plan, zu den ehemaligen Piratenverstecken südwestlich von Kuba zu segeln, besprach ich zuerst mit Michael Romkowski. Immerhin schickte er bereits 1994 von den neuen Charterbasen in Varadero und Cayo Largo die ersten Touristen als selbstfahrende Chartergäste auf Seereise an der unbekannten Küste Kubas entlang.

Mischa meinte, eine Expedition auf einem Windjammer zu den alten Piratennestern im Süden Kubas sei „no problem", und er würde sich persönlich bei den höchsten kubanischen Stellen um alle Genehmigungen für diese Reise kümmern. So wurde aus der kühnen Vision, mit einem alten Segelschiff von Havanna aus zu Stevensons Schatzinsel zu fahren, ein ernsthafter Plan.

Nur ein stilechter Windjammer fehlte noch. Ich hatte inzwischen das

Deutsche Fernsehen vom WDR in Köln für diese Reise begeistert. Sowohl der WDR-Redakteur und Co-Autor Wiel Verlinden als auch die
Filmproduktion Per Schnell aus Köln, die den Auftrag vom WDR über-
nahm, bestanden auf einem klassischen alten gaffelgetakelten Holzschiff.

Als ich ein Jahr später, im Herbst 1995, in Havanna war, um die Expedition vorzubereiten, zeigte mir Mischa ein an seine Firma gerichtetes
Fax: Ein kleiner hölzerner Schoner von den französischen Antillen sei
unterwegs nach Kuba, und das Eignerpaar suche einen Job bei einer
Charterfirma. Ich sah darin einen Fingerzeig des Schicksals. Die Firma
K. P. Winter nahm den Schoner unter Vertrag. Genau mit diesem schönen Schiff wollten wir auf den Spuren der Piraten segeln.

Alles schien wie am Schnürchen zu laufen. Doch wir alle unterschätz-
ten, wie mißtrauisch die sonst so aufgeschlossenen und kontaktfreun-
digen Kubaner gegenüber der westlichen Presse sind. Sie haben wohl
zu viele schlechte Erfahrungen gemacht. Überhaupt nicht mißtrauisch
sind sie bei offiziellen Pressereisen, die den Tourismus promoten sollen. Dabei erlebte ich die karibischen Kommunisten flexibel, weltoffen
und tolerant. Doch jetzt wollten wir eine ganz eigenständige Reise unternehmen, noch dazu mit einem Fernsehteam, vor dem sie sich am
allermeisten zu fürchten scheinen. Und zu allem Unglück haben die
Kubaner auf unserem geplanten Seeweg vor einer Woche zwei nordamerikanische Flugzeuge abgeschossen...

In Hemingways alter Stammkneipe wird es nach 20 Uhr schnell voll.
Hierher kommen unter anderem die wenigen westlichen Geschäftsleu-
te, die in Havanna leben, zum Essen. An der Bar drängen sich holländische Touristen, von denen sich jeder eine braune Schönheit geangelt
hat. Zwei Gitarristen spielen und singen die traurige und schöne Ballade vom Comandante Che Guevara.

Jedesmal, wenn ich dieses Lied höre, denke ich: Der hatte vielleicht
Glück, rechtzeig als Rebell erschossen zu werden und jetzt als Held
weiterzuleben. So brauchte er heute nicht mehr mit anzusehen, wie
auch in Kuba der schöne Traum von einer menschlicheren Gesellschaft
an den Unzulänglichkeiten des Alltags zerbricht.

Während Mischa eine dicke Mappe mit der Aufschrift „Schatzinsel-Expedition" auf den Tisch legt und die letzten Faxe einsortiert, erzähle ich ihm von meiner Begegnung mit der Mulattin Cristina an der Malecon und von ihrem Wissen über unser Vorhaben. Mischa guckt skeptisch und meint:

„Cuidado, Vorsicht! Laß die Finger von dem Weib. Hilfe können wir von so einer nicht bekommen. Entweder ist es eine Nutte, die zufällig im Hotel oder von einem Taxifahrer etwas über uns erfahren hat und sich jetzt wichtig tut, oder sie kommt vom Servicio Secreto, dem Geheimdienst des Bärtigen." Dabei faßt er sich mit einer jedem Kubaner bekannten Geste ans Kinn. Wenn man in Kuba von Fidel Castro redet, wird nicht dessen Name ausgesprochen, sondern man sagt nur „El Barbudo" (der Bärtige) und faßt sich dabei ans Kinn.

„Ich habe heute von der Küstenwache erfahren", sagt Mischa, „daß sie außer dem vorhandenen Schreiben vom Tourismusminister tatsächlich noch ein Papier vom Innenministerium sehen wollen. So etwas habe ich in den zwei Jahren, die ich in Kuba bin, noch nie erlebt. Da ist jemand im Hintergrund, der die Expedition verhindern will. Würden nur wir allein segeln wollen, wäre alles no problem. Aber das TV-Team ist das Problem. Das Fernsehen wollen sie nicht mit an Bord gehen lassen."

Während ich die Eiswürfel in meinem Mojito zerstampfe und auf die nächste Runde warte, frage ich, welche Lösungsmöglichkeit er sieht.

„Ich kann mit den Beziehungen unserer Firma sicher auch ein Stück Papier aus dem Innenministerium beschaffen. Dann sind aber wieder drei Tage weg. Und hast du eine Ahnung, wieviel Ministerien es hier noch gibt? Und ob sie uns am Ende wirklich lossegeln lassen oder noch einen ganz anderen Hinderungsgrund erfinden – wer weiß das?"

„Am kommenden Wochenende wollten wir auf der Schatzinsel sein. Morgen ist Donnerstag, und wir hängen noch immer in Havanna fest." Meine Hoffnung schwindet.

„Laß uns morgen ins Centro de Prensa International, das Internationale Pressezentrum, fahren. Dort kennen sie euer Vorhaben, sie haben euch in Kuba akkreditiert, also müssen sie jetzt was tun."

Wir verlassen die Bodeguita del Medio und fahren mit einem Schwarztaxi, einem alten Chevrolet aus den Fünfzigern, in Richtung Plaza de la Revolution. Der alte Chevy knattert aus dem kaputten Auspuff wie

Alte amerikanische Straßenkreuzer fahren noch heute als Schwarztaxis.

ein Traktor. Die Bodenbleche auf der Beifahrerseite sind so weit durch-
gerostet, daß man beinahe mitlaufen kann. Zum Ausgleich sind im
Dach so viele mit Pappe zugestopfte Löcher, daß man das Gefühl hat,
in einem Cabrio zu sitzen. Wir lassen uns unweit vom Denkmal José
Marti absetzen, und Mischa gibt dem Fahrer drei Dollar, die ihn sichtlich glücklich machen. Normalerweise verdienen die Kubaner nur einheimische Peseten, für die es so gut wie nichts mehr zu kaufen gibt.
Unweit vom Platz der Revolution, wo Fidel alljährlich am 1. Mai seine
Live-Auftritte mit stundenlangen Reden abhält, liegt in einem Keller-
gebäude das Café Andante. Die Bezeichnung „Café" stimmt überhaupt
nicht. Bis etwa gegen Mitternacht ähnelt das Andante einer bei uns
üblichen Diskothek. Doch Schlag null Uhr ist alles anders. Dann brennt
hier die Luft. Das Café Andante ist dann der wildeste Salsa-Schuppen
von Havanna. Und spätestens dann merkt man, daß die Kubaner eine
musikbesessene Nation sind.
Während auf der Bühne eine Salsa-Gruppe nach der anderen, jeweils
bestehend aus ein bis zwei Gitarren und mindestens fünf Schwarzen an

den Schlaginstrumenten, die Erde beben läßt, tanzen die Einheimischen bis zur Ekstase. Keine von den jungen und auffallend schönen Mulattinnen kann sich diesen Rhythmen entziehen. Wo sie gerade stehen, beginnen sie ihre aufreizenden Bewegungen voller erotischer Andeutungen.

Eine unbeschreibliche Gier nach Musik und Rhythmus, eine immer wieder unbefriedigte Sucht nach Leben wird hier Nacht für Nacht bis zur Erschöpfung durchtanzt. Wer nur eine Nacht im Café Andante in Havanna erlebt hat, muß jede annähernd vergleichbare Einrichtung in der Alten Welt als langweilig empfinden.

Wie zu erwarten, treffen Mischa und ich hier unser Fernsehteam. Produzent, Kameramann und Unterwasser-Kameramann – alle sind in diese unbeschreibliche Welt aus Salsa-Musik und wild tanzenden Leibern abgetaucht. Das ist das andere Havanna: Die Leute sind vom tagelangen Nichstun und Dösen im Schatten ab Mitternacht so relaxt, daß sie in den schwülen Nächten ihre wilde Lust auf Leben stillen.

Wie nüchtern und rational denkend sind dagegen wir weißen Gringos. Als im Café Andante die Salsa-Stimmung kurz vor dem Siedepunkt ist, nehmen wir ein Taxi und fahren ins Hotel, um am schon angebrochenen Tag ohne Augenränder zum Termin im Pressezentrum zu erscheinen.

Hätten wir geahnt, was uns im Pressezentrum erwartet, wären wir sicher noch länger im Café Andante geblieben. Den Termin hätten wir uns nämlich, wie alle vorherigen, schenken können. Der freundliche und für Geschenke nicht unempfängliche Chef des Pressezentrums sagt nur, daß das TV-Team ohne die neuerlich geforderten Papiere nicht mit der LOUISETTE auslaufen darf. Schluß und aus.

„Cojones!" ruft Mischa und macht mit diesem schwer übersetzbaren Fluch seiner Mißstimmung Luft. „Ich habe den Eindruck, daß wir hier alle veralbert werden. Und ich sehe, ehrlich gesagt, kaum noch realistische Chancen, daß ihr mit dem Schoner segeln dürft."

Am heutigen Donnerstag, eigentlich unserem dritten Seetag, haben wir Verstärkung aus Deutschland bekommen. Mit der LTU-Maschine aus Düsseldorf ist der Fernsehredakteur und Co-Autor unseres geplanten Films, Wiel Verlinden, gekommen. Aus terminlichen Gründen konnte Wiel erst jetzt nachreisen. Der aus Holland stammende Wiel ist entsetzt, daß wir noch keine Meile gesegelt sind und statt dessen noch immer in Havanna hängen und bei den Behörden die Klinken putzen.

Wiel Verlinden kommt als ein frisches Bündel Energie zu unserer vom täglichen Behörden-Frust und nächtlichen Salsa-Klängen schon etwas ausgelaugten Truppe. Beim Direktor des Pressezentrums schlägt er folgenden Kompromiß vor: Wenn das Fernsehteam nicht auf See arbeiten darf, bleibt es vorerst an Land. Deswegen darf die LOUISETTE aber schon in Richtung Schatzinsel lossegeln. Da Michael Romkowski und Bodo Müller nicht zum TV-Team gehören, dürfen sie mitsegeln.

Der alte Genosse vom Centro de Prensa International meint, daß er sich für eine halbe Stunde zur Beratung zurückziehen müsse. Um seine Entscheidungsfindung zu erleichtern, gibt ihm Wiel eine Tüte mit Werbegeschenken des WDR mit auf den Weg. In Kuba sind selbst einfache Dinge kostbar, sogar ein T-Shirt oder ein Kugelschreiber. Wieder spannendes Warten.

Nach einer Stunde kommt der Genosse Direktor des Centro de Prensa International strahlend zurück. Auf seinem Kopf trägt er eine knallgelbe Schirmmütze mit der Aufschrift „Die Sendung mit der Maus" und begrüßt Wiel mit der Frage: „Sagen Sie bitte, Herr Verlinden, Sie kommen gar nicht aus Deutschland, sondern aus Holland. Was ist das für ein Land?"

Bevor Wiel antworten kann, fällt ihm unser Kameramann Rüdiger Spott ins Wort: „Holland? Das liegt unterm Meer, und da wohnen Leute, die züchten Tomaten ohne Geschmack."

Der Direktor des Pressezentrums nickt aufmerksam, als habe er verstanden.

„Und was ist nun mit unserem Segelschiff und unserer Reise?" will Wiel wissen.

„Selbstverständlich kann das Schiff lossegeln, zur Isla de Pinos oder wohin Sie auch immer wollen. Das Fernsehteam muß aber bitte mit einem Auto fahren. Zumindest die ersten zwei Tage. Wenn Sie erst einmal von Havanna weg sind, können Sie machen, was Sie wollen. Hauptsache, Sie sind weg und ich habe mit dem Problem nichts mehr zu tun."

Das wollten wir bloß hören! Gutgelaunt brausen wir zum Hotel Plaza. Der WDR-Redakteur Wiel, unser Produzent Per sowie die Kameraleute Rüdiger und Stephan packen die komplette Filmausrüstung zusam-

Per Schnell und Wiel Verlinden vor ihrem „Dienst-Chevy".

men. Sie wollen einen Kleinbus mieten und uns dann zwei Tage lang bis Höhe Kap San Antonio zunächst von Land aus begleiten.

Stephan, der Mann für die Unterwasser-Dreharbeiten, stapelt den ganzen Kram in der Hotel-Lobby auf einen Haufen. Der sonst so fröhliche Kölner mit der großen Liebe für Lateinamerika ist ein wenig traurig, Havanna verlassen zu müssen. An der Bar, beim Cuba Libre, steht der Grund für seine Schwermut: eine hübsche junge Mulattin mit Namen Diosany, die ihn aufgrund ihrer langen Beine an Körpergröße überragt. Diosany hat feuchte Augen und sagt, daß sie ihren Amigo Stephano so gern heiraten würde; immerhin sei sie schon 19 und er erst 48.

Während das junge Glück Adressen und Versprechungen austauscht, beschafft Mischa einen alten Ami-Schlitten mit viel Ladefläche, um Proviant einzukaufen. Wir fahren unweit der Altstadt zu einem rein kubanischen Freimarkt, den ich bisher noch nie gesehen hatte. Hier werden nahezu alle Nahrungsmittel gehandelt, die unter der Sonne Kubas gedeihen.

Dieser freie Kleinhandel ist auf Castros Eiland neu, er soll die permanenten Versorgungslücken schließen helfen. Erfreulich ist, daß dort noch nicht gegen Dollars, sondern gegen einheimische Peseten verkauft wird. Somit bekomme ich erstmals die Inlandswährung zu Gesicht, die an Ausländer normalerweise nicht abgegeben wird. Besonders freue ich mich über einen druckfrischen Drei-Peso-Schein, der das Abbild von Ernesto Che Guevara trägt. Für umgerechnet wenige Pfennige kaufen wir zwei Stauden Koch-Bananen, Möhren, Orangen, Grapefruits, Kartoffeln, Reis und frisch geschlachtete Hühnchen. Und ich staune nicht schlecht, daß man in Kuba trotz fortgeschrittener „Dollarisierung" noch für einheimisches Geld die Grundnahrungsmittel sehr preiswert kaufen kann.

In solchen Momenten merke ich immer wieder, daß das kommunistische Kuba viele Gesichter hat, darunter sehr angenehme. Trotz der offensichtlichen wirtschaftlichen Probleme suchen die Administratoren nach neuen Wegen, um einerseits den Einheimischen das Leben so erträglich wie möglich zu machen und andererseits die schwer erkämpfte Unabhängigkeit der Insel zu erhalten.

Ein knallroter alter Cadillac mit Türen, die von innen mit Draht zugebunden sind, bringt uns samt Einkauf in die Marina Hemingway. Dieser größte Yachthafen Havannas wurde noch vor der Revolution von den Nordamerikanern erbaut und besteht aus vier parallel verlaufenden Kanälen, die sich wie Grachten durch eine Halbinsel ziehen und blind enden. Alle diese langgezogenen Hafenbecken sind vom Atlantik her über eine gemeinsame und gut geschützte Einfahrt erreichbar. In der ursprünglich für 2 000 Yachten ausgelegten Anlage mit allem nur erdenklichen Komfort von der Bootstankstelle bis hin zur Diskothek, sind heute etwa 150 Sportboote zu finden. Sie kommen überwiegend aus Europa oder Kanada, mitunter aber auch aus Florida.

Die Skipper der nordamerikanischen Segelboote nehmen gewöhnlich die US-Flagge ab, manche hängen sogar am Heck den Bootsnamen und Heimathafen zu. Dies geschieht übrigens nicht aus Angst vor den Kubanern, sondern als Vorsichtsmaßnahme, um in den USA keinen Ärger zu bekommen. Denn offiziell dürfen US-Bürger nicht hier sein. Und wer in der Marina Hemingway auch nur eine harmlose Cola kauft, verstößt gegen das US-Embargo. Das sonst so weltoffene Nordamerika zeigt sich hier von einer unglaublichen Kleinlichkeit und Intoleranz.

Die Marina Hemingway in Havanna.

Unser Schoner LOUISETTE ist der einzige traditionelle Windjammer im Hafen und somit der Blickfang der Marina Hemingway. Das 16 Meter lange Schiff wurde nach dem Vorbild eines vor einhundert Jahren gebräuchlichen französischen Schoners an der afrikanischen Elfenbeinküste gebaut.
Eigner sind die französischen Globetrotter Daniel Mantovani und Susann Louis. Ende der 80er Jahre hatten der Elektromechaniker und die Biologin ihre zivilen Berufe an den Nagel gehängt und wollten nur noch segeln, frei sein, ohne Verpflichtungen leben. Am 1. Juli 1991 gingen sie von der Elfenbeinküste mit ihrer selbstgebauten LOUISETTE in See. Der erste große Törn führte über den Atlantik nach Rio. Und von dort hangelten sie sich nordwärts bis zur Karibik.
Frei, aber abgebrannt kamen sie im Januar 1996 mit ganzen zwei Dollar in der Bordkasse in Kuba an. Mit einem Holzschiff, dessen Werterhalt Unsummen verschlingt, konnten sie in der westlichen Karibik nicht überleben, zu viele Charterschiffe drängen sich dort auf dem Markt. Ein Stern der Hoffnung lotste Susann und Daniel zu der letzten Insel

des Kommunismus. Sie trafen Mischa Romkowski, der für den Aufbau des Chartergeschäftes auf Kuba Schiffe suchte, und schon wenige Tage später war die LOUISETTE in die noch junge Flotte der Firma K. P. Winter eingereiht. Daniel und Susann hatten wieder Arbeit und Brot – und Dollars für dringende Reparaturen.

Die mit 16 Metern Länge und nur 4 Metern Breite schlanke LOUISETTE hat zwei auffällig nach achtern geneigte Masten, was sie als klassischen Schoner identifiziert. Die vier Segel – Besan, Groß, Fock und Klüver – haben zusammen eine Fläche von 130 Quadratmetern und bringen den hübschen kleinen Klassiker bei mittleren Winden auf etwa sechs Knoten Fahrt.

Der Rumpf der LOUISETTE besteht im Unterwasserbereich aus Zedernholz, darüber aus afrikanischer Pinie. Auch der Innenausbau besticht durch Holz, nirgendwo sieht man Kunststoff oder Stahl. Das schafft in der Kajüte viel Gemütlichkeit. Von der Raumaufteilung her ist der Schoner so konzipiert, daß er für längere Törns mit Chartergästen eher weniger geeignet ist. Den beiden Franzosen war bei der Planung der LOUISETTE der Gedanke, einmal verchartern zu müssen, so fern wie nur irgend etwas. Unter Deck gibt es zwar eine separate Achterkabine für das Eignerpaar, doch Salon und Vorschiff bilden einen einzigen großen Raum, ohne Abschottung. Das wirkt zwar großzügig, doch leben die Gäste immer im Blickkontakt zum Salon. Uns ist das egal. Sowohl unser TV-Team als auch Mischa und ich sind schon auf den verschiedensten Schiffen unter oft noch engeren Verhältnissen gesegelt.

Mischa und ich belegen je eine Koje im Vorschiff mit unserem Schlafsack und stellen den Rucksack ans Fußende. Anhand der Seekarte besprechen wir mit Daniel den ersten Abschnitt der Reise: Die LOUISETTE soll heute am späten Nachmittag in der Marina Hemingway ablegen, dann neun Seemeilen parallel zur Küstenpromenade Malecon vor der Altstadt von Havanna zurücksegeln, und zwar bis zur Einfahrt in den alten Handelshafen. Dort will das Fernsehteam filmen, wie der Schoner unter vollen Segeln aus Havanna ausläuft, während im Hintergrund das alte spanische Castillo del Morro im goldenen Abendlicht erstrahlt. Die Eigner Susann und Daniel sowie Mischa und ich wollen das Schiff anschließend westwärts in Richtung Kap San Antonio, der Westspitze Kubas, segeln. Währenddessen will das TV-Team mit einem gemieteten

Bus nachkommen und am Kap zusteigen, um die weitere Reise zur Schatzinsel auf der LOUISETTE fortzusetzen.

Um Überraschungen auszuschließen, erläutern wir den Plan dem Offizier der Küstenwache, bei dem wir ausklarieren müssen. Vor allem soll er wissen, daß wir nach dem Auschecken erst einmal neun Meilen auf entgegengesetztem Kurs ostwärts bis zur Altstadt segeln, ehe dann das Schiff auf den richtigen Kurs nach Westen geht.

Der junge Offizier im grünen Drillich, über dessen Schreibtisch der Zigarre rauchende Rebellenführer Che hängt, meint, das sei alles kein Problem. Es sei sogar möglich, daß ich vom Kai aus neben dem Kamerateam Fotos machen könne. Die LOUISETTE solle dann kurz an der Ecke, wo Hafenpromenade und Malecon zusammenstoßen, längsseits gehen, damit ich überspringen könne, um an Bord zu kommen. – so einfach kann es sein, auf einmal war alles kein Problem.

Es ist Mittag, und wir haben noch einen halben Tag Zeit, ehe die LOUISETTE ausläuft. Filmproduzent Per und WDR-Redakteur Wiel sind guter Dinge. Es geht voran. In wenigen Stunden beginnt endlich die Reise zu den Schatzinseln der Piraten. Per lädt uns in das Pizza-Restaurant in der Marina Hemingway ein. Es ist einer der schönsten Plätze in Havanna. Man sitzt im Freien unter Gummibäumen, deren Luftwurzeln bis auf die Tische hängen. Auf der einen Seite liegen die Yachten, von der anderen weht eine salzige Brise vom Atlantik herüber.

Während wir mit Cuba Libre auf den Beginn der Reise anstoßen, sagt Mischa mit Fingerzeig zum äußersten Hafenbecken der Marina, daß dort der Staatsbetrieb Carisub ansässig sei. „Das ist die Firma, in der die Mulattin, die dich an der Malecon angemacht hat, arbeitet."

„Du meinst Cristina, die ein Ticket nach Deutschland will?"

„Genau. Wobei ich das mit dem Ticket nach Deutschland schon glaube. Das versuchen viele Frauen, vor allem, wenn sie gut aussehen. Weniger glaubhaft erschient mir aber, daß sie bei Carisub arbeitet, denn die Beschäftigten dieser Firma reden nicht viel über ihren Job."

„Was ist besonderes an Carisub?" will Per wissen.

„Das Besondere ist, daß diese Firma als einzige in den kubanischen Hoheitsgewässern Schätze bergen darf. Die Kubaner haben Kenntnis von mehr als eintausend versunkenen Galeonen. Da kannst du dir vorstellen, was da unten noch alles liegt."

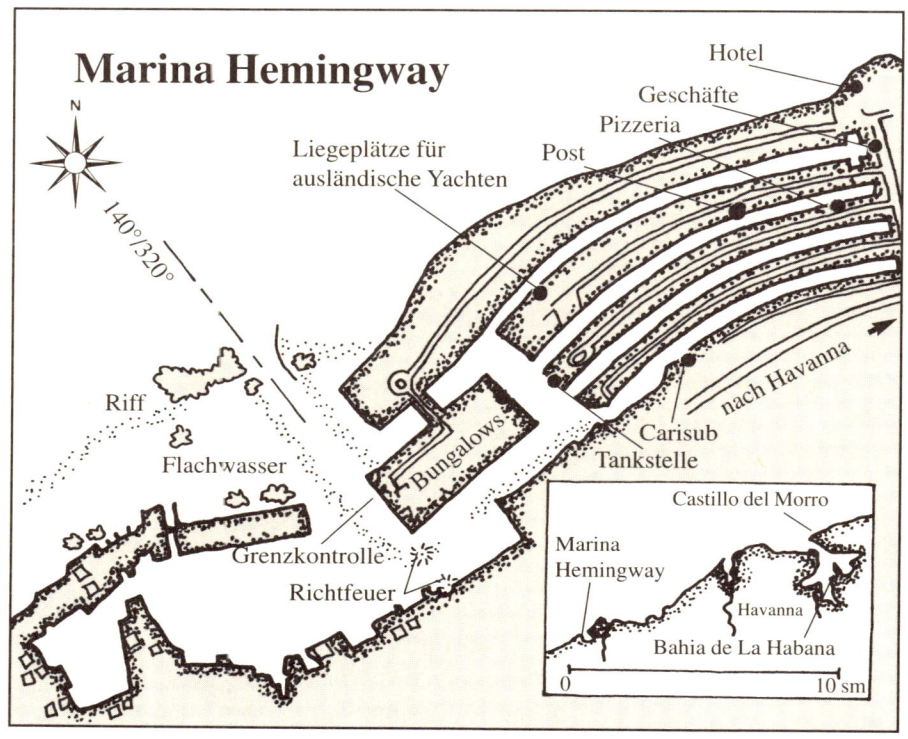

Marina Hemingway

N

140°/320°

Liegeplätze für
ausländische Yachten

Hotel

Geschäfte

Pizzeria

Post

Riff

Flachwasser

Bungalows

nach Havanna

Carisub
Tankstelle

Grenzkontrolle

Richtfeuer

Castillo del Morro

Marina
Hemingway

Havanna

Bahia de La Habana

0   10 sm

„Demnach hätte Carisub das Monopol über alle Schätze?"
„Angeblich untersteht die Firma dem Bärtigen und wird durch ihn mit
allem ausgestattet, was zum Bergen der Schätze gebraucht wird."
„Da müßten die Kubaner ja Unmengen an Edelmetall aus dem Wasser
geholt haben! Wo liegt denn das Zeug?" hakt Stephan nach.
„Alle Schätze, es sollen sagenhafte Werte sein, liegen da drüben bei
Carisub in einem Hochsicherheitstrakt hinter eisernen Toren."
„Und warum haben wir keine Drehgenehmigung für diese Schatzkam-
mer?" will Wiel wissen.
„Wenn es realistische Chancen gäbe, in die Schatzkammer zu kommen,
hätte ich das schon arrangiert. Sie wollen nicht, daß zuviel darüber
geredet wird, und was sie gar nicht mögen, ist die ausländische Presse.
Eine europäische Zeitschrift hatte einmal berichtet, daß Castro angeb-

Louisette *bunkert Treibstoff und Proviant in der Marina Hemingway.*

lich mit den aus dem Meer geborgenen Goldschätzen seine Staatsschulden bezahlt. Seitdem ist Carisub verärgert, und es dringen keine Informationen mehr nach außen."

Wiel läßt nicht locker: „Mischa, wir haben noch einen halben Tag Zeit bis zur Abreise. Bevor wir einen Cuba Libre nach dem anderen trinken, rufst du jetzt bitte den Direktor von Carisub an und sagst, daß wir gerne seine Schatzkammer besichtigen wollen."

Mischa grinst: „Wiel, du bist hier nicht in einem normalen Land, wo man so einfach einen Termin macht. Aber wenn du willst, rufe ich an."

Mischa ist nach einer Viertelstunde zurück und strahlt: „Wir sollen um 14 Uhr kommen. Empfang bei Regino Boti Leon."

„Beim Direktor der Schatzkammer?" erkundigt sich Wiel.

„Nein, eine Etage höher. Der Chef der Schatzkammer darf uns von sich aus nicht reinlassen. Wir haben einen Termin beim Vizepräsidenten von Cimex. Diese Organisation steht über der Schatzkammer. Darüber gibt es nur noch den Bärtigen. Der Vizepräsident hat mit Castro gekämpft. Diese Leute bekleiden heute hohe Posten und sind unantastbar."

„Also es geht doch, wenn man nur will", sagt unser energischer Holländer.

„Glaub bloß nicht, daß du auch nur eine Goldmünze zu sehen bekommst."

„Ich will nicht nur eine Goldmünze sehen, sondern alle Schätze, die die Kubaner aus dem Meer geholt haben. Auf jeden Fall nehmen wir die Kameraausrüstung mit."

Rüdiger und Stephan, unsere Kameraleute, nicken. Die Ausrüstung ist in Minuten klar. Pünktlich auf die Minute stehen wir am vergitterten Eingangstor zu einem gesicherten Gebäudekomplex, in dem die Schätze lagern sollen. Doch wir können nicht mal einen Blick ins Innere erhaschen. Ein bewaffneter Offizier lotst uns in ein benachbartes Villengebiet zwischen Fifth Avenue und Atlantik. Vor einer ansehnlichen Villa aus amerikanischer Zeit parken wir die Autos. Die Villa ist, im Gegensatz zum übrigen Havanna, in einem tadellosen Zustand. Der Wachmann führt uns die Treppe hinauf zu einer Art Empfangshalle, wo wir Kameras, Tonbandgerät, Fotoapparate und all den Kram ablegen müssen. Ein Offizier bringt uns in einen klimatisierten Versammlungsraum.

Nach kurzer Wartepause geht seitlich eine Falttür auf, und ein hochgewachsener Mann mit silbergrauem Haar stellt sich vor als Vizepräsident von Cimex, dem die Schatzkammer von Carisub untersteht.

Mischa Romkowski und Stephan Köster, die beide perfekt spanisch sprechen, stellen uns und unser Anliegen vor. Der alte Revolutionär hört zu, stellt gelegentlich Zwischenfragen, läßt aber mit keiner Mine erkennen, ob er uns wohlgesinnt ist oder nicht. Nur einmal unterbricht er und sagt, daß die ausländischen Medien meist nur negativ von Kuba berichten, und das sei nicht objektiv. Er fragt, wer uns geraten hätte, uns an ihn zu wenden und ob wir ein Empfehlungsschreiben hätten.

Stephan versucht mit seiner sanften Diplomatie dem alten Mann klarzumachen, daß wir mit unserer Expedition zur Schatzinsel weniger über das Kuba von heute berichten wollen, sondern mehr nach Spuren aus der Zeit der Galeonen und der Piraterie suchen. Und es sei darum für uns höchst interessant, die Schätze zu sehen, die seine Firma aus dem Meer geborgen habe.

„Piraten? Hat es hier welche gegeben?" fragt der Vizepräsident.

Ich schiebe ihm mehrere in Kuba erschienene Publikationen über die Schatzinsel und die dort lebenden Piraten über den Tisch. Der Mann guckt nur flüchtig drauf und schiebt die Unterlagen zurück. Er kennt alles und weiß sicher viel mehr zum Thema, als wir ahnen.

Plötzlich steht er auf. Nur noch die Spitzen seiner beringten Finger berühren sanft die Oberfläche des polierten Tisches. Er räuspert sich und sagt: „Meine Herren, die Piraten von heute sind die Luftpiraten. Aber ich habe großes Verständnis für Ihr Anliegen. Wenn Sie einen seriösen Beitrag über die Meeresarchäologie in Kuba produzieren wollen, dann werden wir Ihnen bestimmt helfen. Ich werde Ihr Ansinnen weiterleiten. Sie können in drei bis vier Wochen noch einmal nachfragen. Danke und auf Wiedersehen."

Ein Offizier führt uns wieder in das Foyer, wo wir die Kameraausrüstung zurückerhalten. Von dem Vorraum gehen mehrere Büroräume ab. Durch eine offene Tür erkenne ich eine Einrichtung mit Computern, Kopierer und Faxgerät – eine Technik, die man in Havanna äußerst selten zu sehen bekommt.

Nachdem wir uns von dem netten Wachoffizier verabschiedet haben und schon auf der Treppe zum Ausgang sind, werde ich plötzlich von hinten sanft am Arm festgehalten. Ich staune nicht schlecht, als ich meine Bekanntschaft von der Malecon, die Mulattin Cristina, hier treffe. Sie hat also nicht gelogen. Der Umgebung angemessen trägt sie einen grauen Kostümrock und eine bis oben zugeknöpfte weiße Bluse. „Sehen wir uns heute abend?" flüstert sie.

„Wir segeln heute los. Nach Sonnenuntergang werde ich an der Ecke Malecon, Avenida del Puerto, auf den Schoner Louisette gehen. Sei eine halbe Stunde vorher da."

Mit einem kurzen Nicken stimmt sie der Verabredung zu und verschwindet so still, wie sie gekommen ist. Nicht einmal Mischa hat etwas davon bemerkt.

Auf der Rückfahrt zum Hotel macht Rüdiger seiner Wut Luft: „Wenn die Amis clever wären, würden sie zwei Dinge vom Embargo ausklammern: Papier und Stempelfarbe. Nichts mehr zu fressen und kein Ersatzteil, aber Formulare, Anträge, Genehmigungen und Stempel. Daran sind bisher die meisten Diktaturen zugrunde gegangen."

Eine halbe Stunde vor Sonnenuntergang haben wir am östlichen Ende

Das Castillo del Morro schützte Havanna vor englischen Angreifern.

der Uferpromenade Malecon, wo die Einfahrt in den alten Hafen beginnt, die Kameras aufgebaut. Das Abendlicht hat hinter der Hafeneinfahrt den Felsen mit dem Castillo del Morro längst in goldenes Licht getaucht. Hier liefen vor dreihundert Jahren die goldbeladenen Galeonen ein, um dann ein- bis zweimal im Jahr im Konvoi über den Atlantik nach Spanien zu segeln.

Die historische Kulisse stimmt, doch was fehlt, ist unser Schiff. Der Schoner mit den beiden Franzosen und Mischa an Bord sollte längst die Marina Hemingway verlassen haben und müßte vor der Kulisse der Malecon auf uns zu segeln. Je tiefer der Feuerball im Westen versinkt, desto öfter versucht Wiel, über UKW einen Kontakt herzustellen.

Unser Kameramann Rüdiger Spott kann seinen Spott nicht verbergen: „Da fehlte sicher noch ein Fax, vielleicht vom Außenminister oder vom Verteidigungsminister oder vom Meeresminister – wer weiß, was es hier noch so alles gibt."

„Ich hab's gleich gedacht, daß es eine Scheiß-Idee war, das Schiff noch bis zum Castillo fahren zu lassen", flucht unser Produzent Per.

Während mit der immer tiefer sinkenden Sonne auch unsere Stimmung deutlich nach unten geht, bekomme ich freundlich lächelnden Besuch. Cristina kommt die Malecon entlang geschlendert, wieder in der zu kurz abgeschnittenen Jeans, so daß ihre langen Beine noch aufregender wirken. Stephan, der den Besuch sofort bemerkt, wirft mir einen Blick zu, der etwa bedeuten könnte: Verdammt, die sieht aber gut aus.

Cristina will sich von mir verabschieden und wissen, wie lange wir noch in Kuba bleiben. Ich vereinbare mit ihr ein Treffen nach Abschluß der Segelreise in etwa vier Wochen. Dann werden wir mit dem Schoner die Insel Cayo Largo im Süden Kubas erreicht haben. Die Mulattin verspricht, dort auf mich zu warten. Oder, wenn ich sie nicht wolle, auf einen anderen von unserer Crew.

„Wer mir ein Ticket nach Deutschland beschafft, der kann mich haben", sagt sie unverblümt. So einfach ist das auf Kuba.

„Cristina, da ich jetzt weiß, daß du wirklich bei Carisub arbeitest, habe ich eine Bitte: Wir wollen die Schatzkammer sehen. Kannst du das in die Wege leiten?"

„Das ist sehr schwer und für Ausländer nahezu unmöglich."

„Solltest du das schaffen", sage ich, „wäre mir das ein Flugticket nach Deutschland wert."

„Für mich? Wirklich?" fragt Cristina völlig naiv. Ich bereue es in dem Moment, ihr durch mein nicht ganz ernst gemeintes Versprechen irgendwelche Hoffnungen zu machen.

Per hat das Gespräch mit einem Ohr mitgekriegt und gibt noch eins oben drauf: „Wenn du uns Einlaß in die Schatzkammer gewährst, spendiert dir Bodo ein Flugticket, und du darfst dir einen von uns aussuchen, der dich mit nach Deutschland nimmt."

„Muy bien", sagt die Mulattin, und ich kann ihrer Antwort nicht entnehmen, ob sie das ernst nimmt oder spürt, daß wir sie ein wenig veralbern. „Wenn wir uns in einem Monat wiedersehen, sage ich euch, ob ihr in die Schatzkammer dürft. Und wenn das möglich ist, dann fliegen wir anschließend nach Deutschland."

Cristina gibt jedem von uns einen Kuß und setzt sich auf die Uferbefestigung der Malecon. Inzwischen gibt es Arbeit. Die LOUISETTE kommt unter Segeln auf uns zu. Es wird vom Licht her schon fast zu dunkel sein, ehe sie am Castillo vorbeiziehen wird. Dennoch baue ich neben dem Filmteam mein Fotostativ auf. Jetzt hat Wiel Funkkontakt zum Skipper Daniel und erfährt, daß er sich verspätet habe, weil ihn die Küstenwache beim Ausklarieren noch zwei Stunden festgehalten hat.

Stephan, der dem Kameramann assistiert, wirft mir einen vorwurfsvollen Blick zu: „Hör bitte auf, das Mädchen so zu veralbern. Merkst du nicht, wie unbeleckt die hier sind und was die sich schon für Hoffnungen macht?"

„Warum soll sie nicht helfen, uns die Tür zur Schatzkammer zu öffnen?" entgegne ich.

„Ich glaube nicht, daß sie das schafft. Dazu müßte sie den Bärtigen persönlich kennen. Viel wahrscheinlicher ist, daß du sie auf dem Rückflug auf deinem Schoß sitzen hast. Ob du willst oder nicht."

Die LOUISETTE kommt wie verabredet vor Havannas alter Prachtstraße Malecon entlanggesegelt und biegt dann vor unserem Standort in den alten Hafen ein. Doch wenige Minuten vorher versinkt die Abendsonne im Atlantik, und der eben noch glutrote Felsen des Castillo del Morro verwandelt sich in einen grauen Klotz. Rüdiger hält die Filmkamera an und flucht: „So eine Scheiße! Nicht mal so eine einfache Einstellung klappt, weil die Küstenwache das Schiff nicht pünktlich lossegeln läßt. Die werden noch an ihrer Bürokratie ersticken." Der Segler wendet in der Hafeneinfahrt und kommt unter Maschine mit killenden Segeln zu der alten steinernen Pier, auf der wir stehen. Es ist schnell dunkel geworden, und in der Hafeneinfahrt steht eine unangenehme Dünung. Susann hängt zwei Fender an die Backbordseite und ruft: „Mach dich fertig, du mußt schnell springen!"

Das Schiff kommt dicht heran, ich schleudere meinen Rucksack an Deck, hänge die Fototasche um und springe in die Webeleinen der Wanten. Geschafft, ich bin an Bord.

Gerade will ich das Schiff mit den Füßen von der Pier wegdrücken, da höre ich hinter mir Rüdigers Stimme: „Schnell, nimm die Kamera!"

Er hat die Super-16-Filmkamera an einen Tampen gebunden und läßt sie zu mir herunter aufs Schiff hängen. Ich fange das Gerät. Rüdiger springt von oben an Deck. Wahnsinn! Der will kurzentschlossen als blinder Passagier mit. Stephan wirft ihm schnell zwei Taschen mit Ausrüstung hinterher.

„Schnell weg!" sagt Rüdiger zu Daniel. Der ist einen Moment unent-schlossen, legt dann aber den Gashebel energisch nach vorn und drückt das Heck der LOUISETTE von der Mole weg. Der unangemeldet an Bord gekommene Kameramann verkriecht sich unter Deck. Ich reiche ihm seine Ausrüstung hinterher. Daniel ist durch den Vorfall verunsichert und fragt mich: „Kap San Antonio?"
„Ja, klar! Weit raus auf die offene See – und dann Kap San Antonio."
Ich gehe unter Deck, wo ich Rüdiger grinsend sitzen sehe, die Filmkamera wie ein eben gerettetes Kind im Arm: „Ich hab's nicht mehr ausgehalten, dauernd fragen zu müssen. Wir haben dieses herrliche Segelschiff gechartert, da bin ich doch nicht blöd und fahre mit dem Kleinbus hinterher!"
Daniel ruft mich an Deck. Wir fahren eine Wende und bringen den Schoner auf Kurs 300 Grad. Hinter dem Heck bleibt Havanna achteraus. Wie eine goldene Kette leuchten die Gaslaternen der Malecon, wo die Kubaner nach Sonnenuntergang in die Nacht hinein feiern. Adiós Malecon, adiós Havanna. Cristina steht sicher irgendwo auf der Uferbefestigung und winkt unserem Schiff hinterher. Ein bißchen weh tut es doch, Havanna so plötzlich verlassen zu müssen.

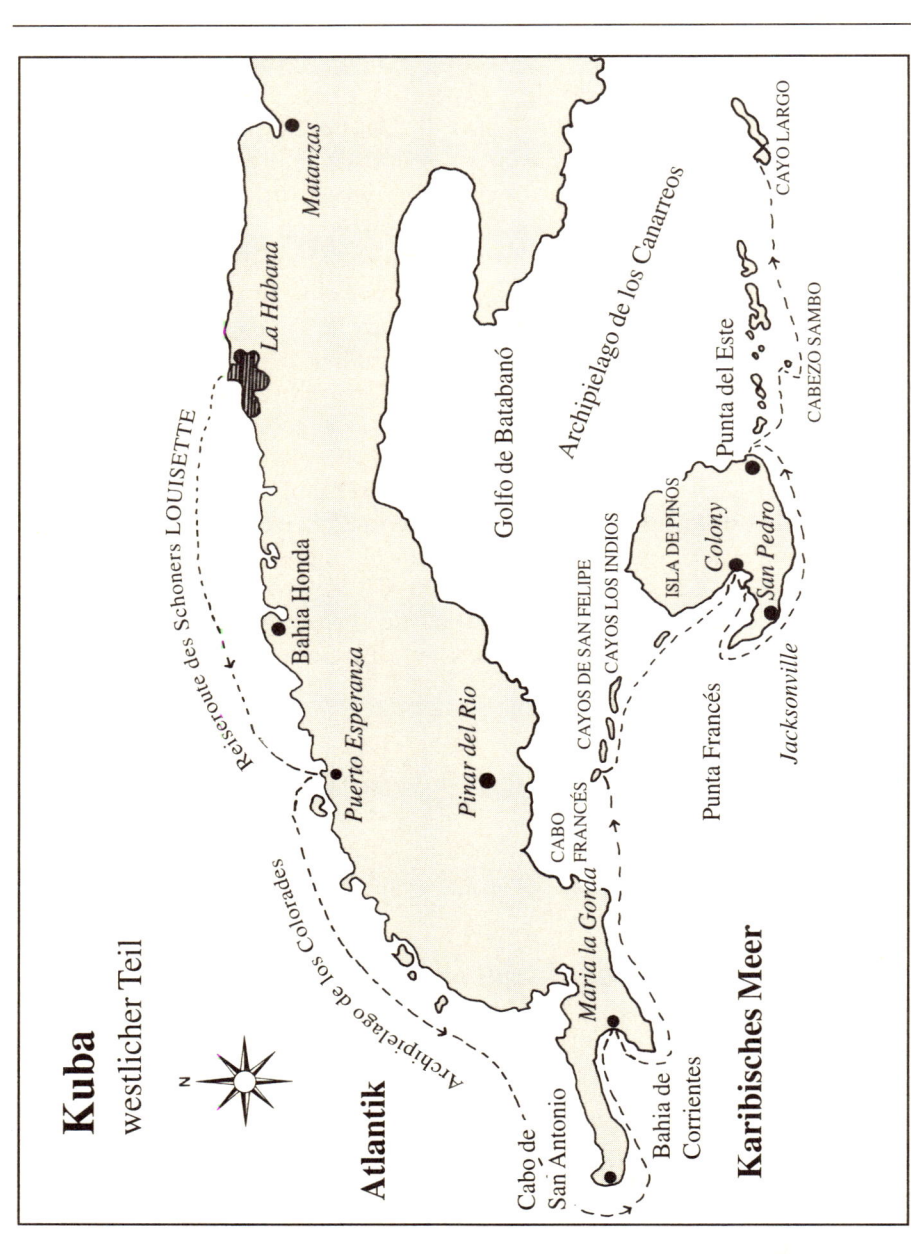

Kuba
westlicher Teil

Atlantik

Karibisches Meer

Reiseroute des Schoners LOUISETTE

Matanzas

La Habana

Golfo de Batabanó

Archipielago de los Canarreos

CAYO LARGO

CABEZO SAMBO

Punta del Este

ISLA DE PINOS

Colony

San Pedro

Jacksonville

CAYOS DE SAN FELIPE

CAYOS LOS INDIOS

Bahia Honda

Puerto Esperanza

Pinar del Rio

Archipielago de los Colorades

CABO
FRANCÉS

María la Gorda

Punta Francés

Cabo de
San Antonio

Bahia de
Corrientes

Mit Louisette nach Westen

Wir segeln bei Einbruch der Dunkelheit unter Vollzeug hinaus auf den Atlantik, und die Lichter von Havanna bleiben achteraus. Nach einer Stunde sind wir etwa vier Meilen von der Küste entfernt. Wir ändern unseren Kurs auf 270 Grad, steuern also westwärts in Richtung Kap San Antonio. So heißt die westlichste Landzunge Kubas, die sich wie ein schmaler Finger in den Golf von Mexiko erstreckt. Hinter diesem Kap werden wir die ehemaligen Schauplätze der Piraterie erreichen. Und wir hoffen natürlich auch, dort einiges über den Verbleib der sagenhaften Schätze zu erfahren.

Die Louisette trägt bei einer Backstagbrise von drei Beaufort ihr gesamtes Segelkleid, bestehend aus Groß, Besan und zwei Vorsegeln. Während Havanna nur noch als rötlicher Lichtschein am Himmel zu erkennen ist, steuern Susann und Daniel das Schiff souverän durch die Nacht. Trotz der frischen Seeluft ist es angenehm lauwarm mit einer Lufttemperatur von 26 Grad Celsius. Während über uns der Sternenhimmel des Wendekreises des Krebses leuchtet, sitzen wir in kurzärmligen T-Shirts im Cockpit.

Skipper Daniel ist auf See ein ganz anderer als an Land. Während er steuert, hüpft er fröhlich von einem Bein auf das andere, singt lautstark französische Volkslieder und fragt uns, ob wir diesen oder jenen Witz schon kennen.

Seine Lebensgefährtin Susann ist eher der ruhige Geist des Schiffes. Sie weiß auch, wann wir Hunger haben, bereitet uns kurz vor Mitternacht einen leckeren Salat aus Weißkraut und Tomaten und serviert ihn mit Weißbrot und französischem Wein.

„Oh la la", trällert Daniel, und nach dem ersten Glas Wein fallen ihm noch ein paar Lieder ein, auf die er sonst wohl nicht gekommen wäre. Und die Witze, die er fortan zum Besten gibt, erzählt er nur noch uns Männern hinter vorgehaltener Hand.

Mit rauschender Fahrt segelt die LOUISETTE *nach Westen.*

Bis zum Kap San Antonio und der dahinter geschützt liegenden Ankerbucht Bahía Corrientes sind es rund 200 Seemeilen, also 40 Stunden,
wenn wir eine durchschnittliche Fahrt von fünf Knoten kalkulieren. Es
ist sinnvoll, eine Wache einzuteilen, damit jeder ausreichend Ruhe finden kann. Susann und Daniel bestehen darauf, das Schiff nachts zu
fahren. Das kommt uns zugute, denn Rüdiger und ich wollen filmen
bzw. fotografieren. So einigen wir uns, daß die beiden Franzosen bis
etwa fünf Uhr Wache gehen und danach uns das Steuer übergeben.
Der Wind weht ruhig und gleichmäßig, und wir haben einen gradlinigen Kurs zu segeln. Irgendwelche Manöver sind also nicht zu erwarten.
Nach dem letzten Schluck Rotwein verschwinden die Freiwächter in
der Koje. Rüdiger hat noch die Aufgabe, zwei Kassetten mit Filmmaterial für die Super-16-Kamera vorzubereiten, damit er auch im ersten
Morgenlicht auf See das Material mit der richtigen Empfindlichkeit
parat hat. Das Filmeinlegen geschieht im Dunkelsack, und ein geübter
Kameramann oder Assistent braucht dazu etwa fünf Minuten.
Während Rüdiger in einer dunklen Ecke des Vorschiffes in seinem

schwarzen Sack herumfummelt, erzählt er mir, daß er früher einen Fotografen kannte, der hätte in der Dunkelkammer nicht das Licht ausgeschaltet, sondern die Augen zugemacht. Ich sage ihm, daß der Witz schon uralt sei und aus dem Osten stamme. Ich hatte ihn während meiner Fotografie-Ausbildung in Halle an der Saale in der damaligen DDR zum ersten Mal gehört. Das war 1979, und der Typ, der ihn damals erzählte, hatte genauso ein spöttisches Mundwerk wie der Kölner Kameramann Rüdiger Spott.

„1979 Foto-Ausbildung in Halle?" bohrt Rüdiger nach.

„Ja", sage ich, „in der Handwerksschule beim halleschen Foto-Lehrmeister Norbert Göpel, der in der DDR ein sehr fundiertes Fotografie-Lehrbuch geschrieben hatte."

„Verdammt!" ruft Rüdiger. „Dann haben wir ja ein und dieselbe Schulbank gedrückt. Ich war in demselben Lehrgang. Ich weiß noch, der wurde nur alle paar Jahre veranstaltet, um unter anderem gestrauchelte Existenzen aufzufangen, die vom gradlinigen Weg abgekommen waren."

Während unser Schoner langsam durch den Atlantik pflügt, haben sich zwei ehemalige Hallenser nach so langer Zeit wiedergetroffen. Eine halbe Nacht lang erzählen wir Geschichten aus alten Zeiten. Rüdiger hatte damals die Foto-Ausbildung mitgemacht, weil er in der DDR als Kriegsdienstverweigerer kein Hochschulstudium als Kameramann aufnehmen durfte. Der Umweg über den Fotografen und einen Fachschulbesuch öffnete ihm dann doch den Weg zum Fernsehen. Doch nicht für lange. 1985 stellte er den Ausreiseantrag und landete nach vierjähriger Wartezeit mit Berufsverbot in Köln.

Ich hatte dieselbe Fotografie-Ausbildung absolviert, weil ich als Nicht-Genosse in der DDR nicht Journalistik studieren durfte, jedoch einen Qualifikationsnachweis brauchte, um als Reporter oder Redakteur arbeiten zu dürfen. Nach der Ausbildung sahen wir uns nie wieder. Ich ging gleich danach nach Rostock, weil mich das Thema Seesegeln faszinierte, mit dem ich immer Weite und Freiheit assoziierte. Wie zu erwarten, konnte ich diesen Freiheitsdrang nicht ausleben und stellte nach einem gescheiterten Fluchtversuch schließlich auch den Ausreiseantrag. Nach dreieinhalb Jahren Wartezeit, ebenfalls mit Berufsverbot als Journalist, durfte ich in Lübeck-Schlutup den Todeszaun passieren. Und es ist wie ein kleines Wunder, daß sich zwei ehemalige Abtrünnige des Kommunismus nach 17 Jahren auf einem Segelschiff vor der letzten Insel des Kommunismus wiedergetroffen haben.

Gleichmäßig gurgelt das Wasser des Atlantiks unter dem Vorsteven des Schoners. Mit jeder zurückgelegten Meile bleiben die nervenden Behörden in Havanna immer weiter hinter uns. Ich bin glücklich, daß es endlich losgeht. Wir segeln zu Stevensons Schatzinsel und werden in wenigen Tagen dort vor Anker gehen, wo einst die legendären Piratenschiffe lagen. Und in meiner Phantasie sehe ich vor mir Typen wie Long John Silver und Francis Drake. Es ist ein Gefühl, als würden wir mit unserem Schoner in die Welt unserer Kinderträume zurücksegeln. Irgendwann lange nach Mitternacht wiegt uns die gleichmäßig rollende LOUISETTE in den Schlaf.

Kurz nach vier Uhr weckt uns Susann aus den Träumen. Sie sagt, es brauche nur ein Mann aufzustehen, um sie abzulösen, Daniel würde noch bis Sonnenaufgang weitersteuern. Einen Augenblick überlege ich, wo Ölzeug und Gummistiefel stecken. Das ist typisch für einen Nordeuropäer, wenn er sich morgens um vier Uhr zur Wache fertigmacht. Doch wir sind vor der Küste Kubas, und man braucht kein Ölzeug. Mit einer dünnen Leinenhose und einem langärmligen Hemd ist man warm genug angezogen für die Nachtwache. Rüdiger ist auch sofort auf den Beinen, obwohl er das noch nicht bräuchte, und schleppt seinen ganzen Filmkram ins Cockpit, um zum Sonnenaufgang alles parat zu haben. Am Steuer gähnt Daniel vor sich hin. Erst nach langem Zureden verzieht er sich schließlich auch in die Koje.

Das Schiff hat seit dem Ablegen in Havanna 44 Meilen gemacht. Wir segeln im Abstand von etwa drei Meilen am kubanischen Festland entlang in Richtung Westen. Wegen der vorgelagerten Korallenriffe wollen wir sicherheitshalber nicht dichter unter Land gehen. Wir liegen jetzt auf Höhe von Bahía Honda, einer Bucht, die einen ringsum geschützten Naturhafen bildet. Früher bewachte ein kleines spanisches Fort mit Namen San Fernando die Einfahrt in die Bahía Honda. Doch von dem Fort soll nur noch eine Ruine übriggeblieben sein, auf der heute ein kleiner Leuchtturm steht. Dessen Feuer ist jedoch so schwach, daß ich es nur erahnen kann.

Von hier ab verläuft die kubanische Nordküste nicht mehr genau in

Richtung Westen, sondern knickt etwas südlich ab. Ich ändere unseren Kurs auf 260 Grad, und Rüdiger fiert die Schoten aller Segel entsprechend, so daß der Schoner jetzt fast vor dem Wind läuft und ein wenig anfängt zu geigen. Daniel kommt erschrocken im Nachtzeug an Deck gestürzt, guckt auf den Kompaß, in die Karte und auf die Segelstellung. Am Ende nickt er uns freundlich zu und geht genauso wortlos wieder in seine Koje.

Rüdiger hat die Filmkamera beiseite gelegt und sich eine Zigarette angezündet, deren Rauch er genüßlich inhaliert: „Endlich segeln, wie habe ich darauf gewartet! Wir mußten die ganze Scheiße mit den Behörden ertragen. Wenn Kuba einmal ein freies Land ist, und das wird nicht mehr lange dauern, bietet sicher ein Veranstalter von Abenteuerreisen in seinem Katalog Segeltörns zur Schatzinsel an. Dann kannst du das, was wir hier machen, ganz easy im Reisebüro buchen – mit Totenkopfflagge am Heck."

„Im Gegensatz zu den Ostdeutschen damals leben die Kubaner schon heute freier, denn soviel ich weiß, dürfen sie ihr Land verlassen."

„Was nützt das, wenn man mit zehn Dollar Monatseinkommen auf einer Insel lebt, ein Flugticket aber tausend Dollar kostet? Darum hauen sie ab – auf Styropor-Platten nach Florida. Und nur aus dem Grund hängt sich jede Mulattin an den ersten besten Europäer. Glaub nur nicht, daß die das aus Liebe machen."

Wir erleben kurz vor sieben Uhr einen malerischen Sonnenaufgang über dem Atlantik. Keine Wolke hängt am Himmel. Minuten später steht der Feuerball nahezu senkrecht über uns. Jetzt bloß nichts ausziehen, sondern Schultern und Arme bedeckt halten, denn bei der erfrischenden Brise auf See merkt man nicht, wie die Haut verbrennt.

Wir segeln jetzt genau auf der Route der Galeonen. Schon wenige Jahre nach der Wiederentdeckung Amerikas durch Kolumbus hatten die Spanier Havanna zu ihrer Hauptstadt in der Neuen Welt erkoren und militärisch befestigt. Von hier aus segelten die Galeonen westwärts zum mittel- und südamerikanischen Festland, um das dort von Indianern erbeutete, später in Bergwerken abgebaute Gold und Silber zu holen. Die Route der Galeonen führte von Havanna aus westwärts zum Kap San Antonio, dem westlichsten Zipfel Kubas, dann durch die Straße von Yucatán in Richtung Mexiko, Panama oder Kolumbien. Als das Seegebiet den Steuerleuten schon bekannt war, segelten die Galeonen auf der Hinreise von Spanien aus direkt zu den Häfen des mittelamerikanischen Festlandes.

Dort wurden sie mit Edelmetall beladen, und die Rückreise führte über die bereits erwähnte Route um Kap San Antonio herum zunächst nach Havanna. Die kostbare Fracht wurde von Havanna aus nur in gesicherten Konvois über den Atlantik gesegelt. Doch bis sie sich zu diesen Verbänden zusammenschließen konnten, waren die Galeonen für die Piraten aus England, Frankreich und Holland eine leichte Beute. Sie brauchten sich nur unweit von Kap San Antonio auf Lauer zu legen und zu warten. Jede Galeone, die aus Mittel- oder Südamerika kam, mußte an ihnen vorbei. Die aufgrund der schweren Fracht nur langsam segelnden dickbauchigen Handelsschiffe waren in ihren Manövriereigenschaften den kleinen und wendigen Schiffen der Piraten und Korsaren weit unterlegen.

Schwer vorstellbar war lange Zeit, warum sich so viele Freibeuter im Südwesten Kubas tummeln konnten, ohne von den Spaniern vernichtet zu werden. Diese Frage hoffen wir beantworten zu können, wenn wir auf der Schatzinsel sind.

Im Laufe des Vormittags schläft der Wind immer mehr ein, so daß die baumlosen Vorsegel nur noch herumhängen wie Bettlaken und die Louisette gerade noch zwei Knoten Fahrt macht. Ich lasse Klüver und Genua wegnehmen und werfe den Motor an. Es ist neun Uhr, Susann kommt mit Kaffee, Weißbrot und Mineralwasser nach oben. Mischa, der sich von dem Streß in Havanna erst einmal richtig ausgepennt hat, kommt an Deck, blinzelt geblendet in das grelle Sonnenlicht und meint: „Wenn ihr einen Supermarkt seht, haltet mal an, denn wir haben durch den hektischen Start so einiges vergessen einzukaufen."

Mischa nimmt Zettel und Bleistift aus der Navi-Ecke und beginnt aufzuschreiben, was er beim Catering nicht bekommen hat. Es fehlen Brot, Kaffee und alkoholfreie Getränke. „Wird schwierig sein, das noch zu kriegen. Wir haben nicht genügend Cola, um Cuba Libre zu mixen. Vielleicht war es nicht gut, einfach Hals über Kopf loszusegeln ..."

Rüdiger ist anderer Meinung: „Lieber den ganzen Tag lang Bananen und Wasser, als noch eine Stunde länger in Havanna bei den Behörden zu betteln."

Nach hektischen Tagen in Havanna ein gemütliches Frühstück an Bord.

„Warum versuchen wir nicht, heute nachmittag in Puerto Esperanza anzulegen und die notwendigen Dinge nachzukaufen?" schlage ich vor. „Puerto Esperanza war auf der Route der Galeonen der erste bzw. letzte spanische Hafen auf Kuba, wo noch einmal gefahrlos Proviant und Trinkwasser gebunkert werden konnte."

Mischa grinst mich nur an: „Wenn hier zur spanischen Zeit die Schiffe Proviant bunkerten, heißt das noch lange nicht, daß du heute in Puerto Esperanza auch nur ein Stück Brot zu kaufen kriegst."

„Humboldt hat behauptet, Kuba sei so fruchtbar, daß man nur einen Bleistift in die Erde zu stecken brauche und am nächsten Tag trage er Früchte. Dann wird es in Puerto Esperanza auch Brot zu kaufen geben."

„In Humboldts Reisebeschreibung steht aber auch, daß Kuba Nahrungsmittel nach Spanien exportierte. Doch Humboldt konnte nicht ahnen, daß hier einmal die Kommunisten regieren würden. Laß uns in Puerto Esperanza anlegen und überzeuge dich selbst, was es an Proviant zu kaufen gibt."

Die anderen stimmen dem Vorschlag zu. Sicher ist es eine interessante

Das Gebirge Pinar del Rio unweit von Puerto Esperanza.

Abwechslung, den alten spanischen „Hafen der Hoffnung", wie Puerto Esperanza übersetzt heißt, zu sehen.

Am Nachmittag nehmen wir auch die restlichen zwei Segel weg und beginnen die Ansteuerung auf Puerto Esperanza. Das ist nicht ganz ohne, denn das Fahrwasser führt durch einen schmalen und relativ flachen Kanal zwischen den Riffen hindurch. An einigen problematischen Stellen ist die Rinne durch verrostete Tonnen bzw. Pricken gekennzeichnet, denen wir aber nicht trauen wollen. Darum hält immer ein Mann Ausguck auf dem Klüverbaum, während ein zweiter das Echolot im Auge behält und der dritte steuert.

Nach einer Stunde Fahrt durch die flachen Gewässer erreichen wir bei nur noch drei Metern Fahrwassertiefe eine Bucht, die im Osten durch Punta Lavandera und im Westen durch die Mangroveninseln Cayos Ines de Soto begrenzt ist. Im Süden der Bucht sehen wir den Ort Puerto Esperanza und davor einen langen Steg, an dem vier kleine Fischkutter liegen.

Etwa hundertfünfzig Meter vor dem Steg stoppt Daniel die Maschine.

Das Echolot zeigt nur noch 2,5 Meter, und unter uns ist deutlich der Grund zu sehen. Unser Skipper läßt sich nicht davon überzeugen, sich mit langsamster Fahrt bis zum Steg voranzutasten, wo die Fischkutter liegen.

„Kein Risiko für mein Schiff", sagt Daniel, geht mit dem Bug in den Wind und läßt den Anker fallen. Wir pumpen das aus tausend Flicken bestehende rote Beiboot auf und bringen es zu Wasser. Ich nehme mir unseren Einkaufszettel, einen leeren Segelsack, zwei Hundert-Dollar-Noten und die Kreditkarte und steige mit Mischa ins Boot, der seine Tasche mit den tausend Genehmigungen für unsere Segelreise umgehängt hat. Schließlich kommt noch Rüdiger ins Boot, der den Großeinkauf in Puerto Esperanza filmen will.

Der erste, der uns am Steg im Hafen in Empfang nimmt, ist nicht etwa ein fliegender Händler, sondern ein älterer Mann, der früher vielleicht einmal Fischer war, und jetzt eine Uniformbluse mit der Aufschrift „Ministerio del Interior" trägt. Das ist also Fidels „Sicherheitsnadel" in Puerto Esperanza.

Der Alte sagt uns in nettem Ton, daß wir als Ausländer in Kuba einklarieren müßten. Doch Mischa managt die Sache auf andere Weise: Er zeigt einen Chartervertrag von der Firma K. P. Winter, die offiziell in Kuba Schiffe verchartern darf. Der Firmenname ist sogar in diesem entlegenen Ort bekannt und flößt Respekt ein. Ein Blick auf das Papier – und alles ist geregelt. Es kann tatsächlich so einfach sein, Mischa hat recht behalten: Außerhalb von Havanna geht es in Kuba locker und unbürokratisch zu. Und selbst ein französischer Windjammer mit deutschen Seglern erweckt anscheinend kein Mißtrauen.

Der Alte in der Uniformbluse erzählt, daß heute früh ganz zeitig ein Kleinbus mit Leuten vom deutschen Fernsehen hier am Hafen war. Sie hätten gefragt, ob ein Schoner an der Küste gesehen wurde. Diese Nachricht erfreut uns insofern, daß auch der Rest des Teams den Absprung aus Havanna geschafft hat und unterwegs ist nach Kap San Antonio, wo wir sie hoffentlich in den nächsten Tagen treffen werden.

Im Hafen von Puerto Esperanza ist vom Glanz alter Zeiten nichts mehr zu sehen. An einem einfachen Steg auf hölzernen Stelzen liegen Fischerboote, und es gibt eine kleine Holzhütte, wo der Fisch sortiert, gesalzen und in Kisten gepackt wird. Von dort wird er mit einer kleinen

„Überlandtransport" nach Puerto Esperanza.

Eisenbahnlore über den Steg zu einer Gefrierstation geschoben und dort in Blöcken eingeeist. Nichts deutet mehr darauf hin, daß hier vor Jahrhunderten spanische Galeonen Proviant bunkerten.

Als ich einen Fischer danach frage, sagt er, daß er davon nichts wisse. Die Fischereistation sei nach der Revolution entstanden. Früher machten die Schiffe etwa 300 Meter weiter westlich vor dem alten Ortskern fest, oder sie ankerten in der Bucht.

Wir fahren mit dem Schlauchboot zum alten Anleger von Puerto Esperanza. Hier war einmal das Zentrum des Ortes. Während wir das Dingi ans Ufer ziehen, läuft die Bevölkerung zusammen, und wir werden von einer Schar Kinder umringt. Die ersten Häuser am Platz sind aus Stein gebaut, mit runden Säulen davor, die einen Dachüberstand tragen und schöne Arkaden bilden. Darunter befindet sich eine schmale Veranda mit Blick auf die Straße und den Hafen. Hier müssen früher die wohlhabenden Einwohner gelebt haben. Die Häuschen bzw. Hütten dahinter sind wesentlich einfacher gebaut.

Ein typisches Bild bietet sich uns am Spätnachmittag: Die Einwohner sitzen im Schatten der Arkaden auf der Veranda und plaudern, oder sie dösen im hölzernen Schaukelstuhl einfach nur so vor sich hin. Hier kennt man weder Termine noch Streß. Selten habe ich Leute so gelassen gesehen. Sie schaukeln auf der Veranda, genießen eine dicke Zigarre und nehmen gelegentlich ein Schlückchen aus der Rumflasche. Und sie gucken aufs Meer, wo die Sonne den Horizont glutrot färbt. Alle sind nahezu gleich arm bzw. reich, und niemand scheint sich um den morgigen Tag zu sorgen. Auch das ist ein Gesicht von Kuba.

Ich frage einen älteren Mann spanischer Abstammung, wo hier der Supermarkt sei. Mischa hält sich fast den Bauch vor Lachen. Der Alte sagt, einen Supermercado gäbe es hier nicht, nur einen kleinen Comercio, einen Laden, wo die Leute ihre Ration abholen. Er zeigt uns den Weg dorthin.

Das Geschäft liegt in der zweiten Häuserreihe hinter dem Platz am Hafen. Der Laden hat sogar ein großes Schaufenster, in dem als einziger Artikel ein rotes Spruchband mit der Aufschrift „Socialismo o muerte" (Sozialismus oder Tod) angeboten wird. Darüber hängt ein vergilbtes Foto des Bärtigen.

Der etwa 30 Quadratmeter große Laden wird geprägt von einem schönen alten Tresen aus Zedernholz. Dahinter steht ein uraltes hölzernes Regal vom Erdboden bis zur Decke. Dieses Regal muß es vermutlich schon vor dem Sieg der Kommunisten gegeben haben, denn die Bretter sind zwischen den Aufhängungen tief durchgebogen, was unmöglich vom derzeitigen Angebot kommen kann.

Das gesamte Warensortiment besteht aus drei leicht verbeulten Weißblechkonserven, in denen, dem Etikett nach zu urteilen, grüne Tomaten sein müßten. Der Händler hat das Kunststück fertiggebracht, diese drei Dosen so zu verteilen, daß der Eindruck entsteht, die Regalwand sei von oben bis unten gefüllt. Die erste Blechbüchse steht nämlich oben rechts, die zweite genau in der Mitte und die dritte unten links.

Als ehemaliger DDR-Bürger habe ich im realen Sozialismus deutscher Prägung schon manche Blüte der Mangelwirtschaft gesehen, aber so etwas noch nie. Und das in Puerto Esperanza, wo sich einst ganze Flotten einer Weltmacht mit Proviant versorgten.

Während wir uns staunend umsehen, kommt ein junges Mädchen in den Laden. Wider Erwarten verlangt sie nicht nach einer der drei

Fischer von Puerto Esperanza flicken ihre Netze.

Blechdosen, sondern nach der Zuckerration für ihre Familie. Der staatliche Verkäufer greift unter dem Ladentisch mit der Hand in einen Papiersack, den ich erst jetzt sehe, und schaufelt damit ein kleines Häufchen Zucker auf einen alten Fetzen Zeitungspapier. Mit dem Papier jongliert er den Zucker auf eine uralte Pendelwaage und wägt mit kleinen Messinggewichten. Als das Gewicht endlich stimmt, was eine halbe Ewigkeit dauert, nimmt er von dem Mädchen ein kleines Buch entgegen, in dem er einen vorgedruckten Abschnitt durch einen Stempel mit Unterschrift entwertet. Geld bezahlt sie nicht. Dann reicht ihm das Mädchen eine leere Zigarrenkiste, und der Händler schüttet das kleine Häufchen Zucker hinein. Das war der Wochenendeinkauf.
Ohne eine Frage zu stellen, zerknülle ich unsere lange Einkaufsliste. Fast schäme ich mich, den Laden mit einem großen Seesack und einer Kreditkarte betreten zu haben.
Als wir zurück zum Ufer kommen, ist es schon fast dunkel geworden. Am Strand, wo unser Gummiboot liegt, brennt ein kleines Feuer. Schwarze, Weiße und Mulatten aller Altersgruppen sitzen bunt ge-

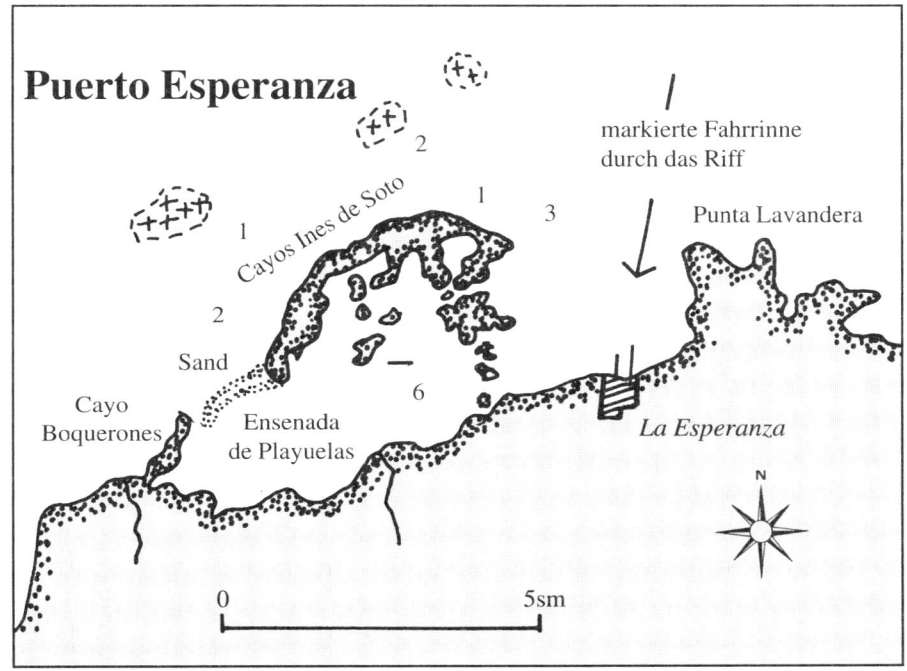

Puerto Esperanza

markierte Fahrrinne
durch das Riff

Punta Lavandera

Cayos Ines de Soto

Sand

Cayo
Boquerones

Ensenada
de Playuelas

La Esperanza

N

0   5sm

mischt beieinander und sind scheinbar guter Dinge. Sie sagen, daß wir
uns zu ihnen setzen sollen. Wir freuen uns über die Einladung und
nehmen sie gern an. Nur Mischa verschwindet kurz mit dem Dingi zur
LOUISETTE, um Susann und Daniel und eine Flasche Rum zu holen.
Es stellt sich heraus, daß die Leute am Feuer Fischer aus Puerto Esperanza sind. Ihre Frauen und Kinder sind auch da. Sie haben einen
vermutlich frisch gefangenen Schwertfisch, der etwa anderthalb Meter
lang war, in viele Scheiben aufgeteilt, und jeder darf sich eine Scheibe
nehmen, spießt sie auf einem dünnen, noch grünen Bambusstock und
hängt sie übers Feuer. Eine ältere Schwarze verteilt an jeden eine Prise
Salz. Das Salzgefäß besteht aus einer ehemaligen Cola-Dose, von welcher der obere Deckel fein säuberlich abgeschnitten und das Blech
entgratet worden ist. Dazu gibt es Wassermelonen, die ein Bauer im
Stehen mit der Machete aufhackt und dann in halbmondförmige
Scheiben schneidet. Es schmeckt köstlich.

Im Laufe des Abends muß Mischa noch zweimal mit dem Beiboot auf die LOUISETTE, um Nachschub an Rum zu holen. Der Kreis der Leute am Feuer ist immer größer geworden. Ein Schwarzer schleppt zwei alte Pappeimer heran, die er umdreht und auf denen er einen Rhythmus zu klopfen beginnt. Minuten später ist die einzige Gitarre des Ortes da, und schon ist die Party in vollem Gange. Niemand stört sich daran, daß es auf der Gitarre nur noch drei Saiten aus altem Bindfaden gibt und darum die Akkorde ein wenig stumpf klingen. Als am Ende alle gemeinsam das vielstrapazierte „Guantanamera" singen, habe ich das Gefühl, es nie so schön gehört zu haben.

Während wir im lecken Schlauchboot zurücktuckern, denke ich, wie langweilig es doch gewesen wäre, wenn wir in einem Supermarkt die weltweit gleichen Markenartikel gekauft und dann allein an Bord gegessen hätten.

Piraten an Kubas Küsten

Am frühen Morgen, als noch der Dunst des jungen Tages über den Mangroven der Cayos Ines de Soto liegt, werden wir durch lautes Klopfen aus dem Schlaf gerissen. Zwei Fischer aus Puerto Esperanza sind mit einem Ruderboot zu unserem Ankerplatz gekommen und hieven einen großen Eisklotz voller gefrorener Fische zu uns an Bord. Den sollen wir als Proviant nehmen für die Weiterreise zum Kap San Antonio. Und wir sollen aufpassen, denn im März können überraschend schnell Sturmtiefs über die Westspitze Kubas ziehen. Am Kap San Antonio könne es dann sehr unangenehm werden.

Dankbar hacken wir den Eisklotz mit den darin eingefrorenen, etwa 30 Zentimeter langen silbrigen Fischen, deren Bezeichnung wir nicht kennen, in mehrere kleine Teile, die wir mit Mühe in unserer Kühlbox unterbringen können. Einen Teil muß Susann gleich braten, weil wir partout keinen Platz mehr dafür finden. Während der Duft des bevorstehenden Fisch-Frühstücks aus der Pantry dringt, motoren wir aus der geschützten Bucht zurück auf den Atlantik. Dort ist zu unserer Überraschung sogar Wind, in Böen bis zu fünf Beaufort. Erwartungsgemäß kommt er aus der „richtigen" Richtung Nordost und schiebt die Louisette mit sieben Knoten vor sich her. Wir haben noch über hundert Meilen zum Kap San Antonio zu segeln und dann noch einmal weitere 15 bis zum geschützten Ankerplatz hinter dem Kap in der Bahía de Corrientes.

Susann serviert jedem eine Scheibe Fischfilet zum Frühstück, dazu Tomaten, Zitronen und Wasser. Daniel steuert nebenbei, ist wieder guter Dinge und trällert irgendwelche französischen Lieder. Nach dem Frühstück zurrt Susann auf und unter Deck alles sturmsicher fest. Man weiß ja nie.

Mischa, Rüdiger und ich haben zunächst Freiwache. Wir nutzen die

Zeit, um uns durch eine kleine Kiste von Büchern und wissenschaftlichen Aufsätzen zu wühlen, die ich innerhalb des vergangenen Jahres zusammengetragen habe. Die Literatur handelt von der Piraterie in der Karibik und ganz speziell von der Seeräuberei vor Kubas Küste.

Was sich im 16. und 17. Jahrhundert in den Gewässern rund um die größte Antilleninsel abspielte, gehört zu den abenteuerlichsten Kapiteln der Entdeckungsgeschichte Mittelamerikas. Obwohl die schon damals legendären Beutezüge der karibischen Seeräuber so berühmte Autoren wie Daniel Defoe und Robert Louis Stevenson beflügelten, gibt es doch nur wenig authentisches Material von den Seeräubern selbst. Wen wundert's, denn welcher gemeine Seemann konnte zu jener Zeit schon lesen und schreiben? Doch selbst, wenn er das konnte und vielleicht als englischer, holländischer oder französischer Schiffsoffizier dem gebildeten Mittelstand angehörte, wäre er doch töricht gewesen, über die eigenen Räubereien und Schandtaten Tagebuch zu führen und sich damit möglicherweise selbst dem Henker auszuliefern. Dennoch gab es unter den prominenten Piraten eine bemerkenswerte Ausnahme: Der Holländer (oder Nordfranzose?) mit dem außergewöhnlichen Namen Alexandre Olivier Exquemelin verbrachte etliche Jahre seines Lebens als Freibeuter in der Karibik, unter anderem vor Kubas Küste und auf der Schatzinsel Isla de Pinos. Jener Exquemelin war des Lesens und Schreibens kundig und veröffentlichte nach seiner Rückkehr nach Europa 1678 in Amsterdam sein autobiographisches Buch „De Americaansche Zee-Rovers".

Das heute kaum noch bekannte Werk wurde damals ein Bestseller und ist kurz nach Erscheinen ins Deutsche übersetzt worden. Seitdem ist es unter dem Titel „Die Amerikanischen Seeräuber / Das Piratenbuch von 1678" etliche Male verlegt worden.

Aus seinen teilweise tagebuchartigen Aufzeichnungen erfahren wir interessante Details aus dem Leben dieses außergewöhnlichen Piraten, der dem Strick entging und später in Holland sogar ein angesehener Schriftsteller wurde: Der junge Exquemelin verließ am 2. Mai des Jahres 1666 auf dem französischen Schiff SAINT JEAN den Hafen von Le Havre mit 220 Passagieren an Bord in Richtung Tortuga. Die kleine Schildkröteninsel Tortuga nördlich von Haiti galt als Hochburg der französischen Seeräuber.

Exquemelin erzählt in seinem Piratenbuch eine Menge Details aus seinen sechs abenteuerlichsten Lebensjahren unter den karibischen Freibeutern. Seine Beschreibungen sind heute die wichtigste Quelle über die Gemeinschaft der Räuber, denn sie sind die einzige authentische Niederschrift. Sein stellenweise sehr spannendes Buch ist auch für Historiker eine ausgesprochene Fundgrube, denn die verworrenen politischen Zustände auf den karibischen Inseln rund um Kuba sind aus den offiziellen Quellen der Geschichtsschreibung nur schwer nachvollziehbar.

In England, Frankreich und Spanien ist sonst nur wenig authentisches Material über die Piraten zu finden. Was in der Karibischen See südlich von Kuba geschah, paßte nicht in die von Ruhmestaten strotzende Geschichtsschreibung der europäischen Monarchen – sieht man einmal von den legendären Karrieren der englischen Korsaren John Hawkins und Francis Drake ab.

Zu den wenigen Quellen in Europa über die karibischen Piraten zählen die Gerichtsakten. Wenn ein ehemaliger Freibeuter so dreist war, mit Reichtümern voll beladen in seine Heimat zurückzukehren, landete er häufig vor Gericht. Ein einfacher englischer Matrose mußte einfach auffallen, wenn er braungebrannt und in Lumpen gekleidet in seiner Kleinstadt am Kanal wieder heimatlichen Boden betrat, in der Hafenkneipe alle Matrosen einlud und den Dirnen für ihre Liebesdienste pures Gold gab. Solche Freudenfeste dauerten in den meisten Fällen nur wenige Tage. Erfuhr ein humorloser Gouverneur von der großen Karriere eines kleinen Seemannes, dann war es nur noch eine Frage der Zeit, bis der ehemalige Pirat, dem das Gold wie Sand zwischen den Fingern zerrann, in der Schlinge endete.

Es gibt viele Gründe, warum sich rund um das zu Spanien gehörende Kuba ein bunt zusammengewürfeltes Volk von Seefahrern und Abenteurern großen Stils, Desperados, Glücksrittern und entflohenen Sklaven zusammenfand. Sie hatten ihre Stützpunkte in New Providence auf den Bahamas, der Insel Tortuga nördlich von Haiti, auf Jamaika und schließlich auf der Isla de Pinos im Süden Kubas.

Die Spanier verstanden es zwar lange Zeit, die anderen europäischen Seefahrtsnationen von der Ausbeutung Mittelamerikas fernzuhalten. Doch sie selbst waren als Nation zu klein und zu schwach, ein Riesenreich zwischen Kuba, Mexiko, Panama und Venezuela zu kolonisieren und zu erschließen. Ganz zu schweigen von dem Aufwand einer Besiedlung, dem Aufbau einer Verwaltung und der militärischen Befestigung der neuen Ländereien.

Da allein Flotte und Heer Unsummen verschlangen, wurde aus den Ländern rund um das Karibische Meer erst einmal das herausgepreßt, was unmittelbaren Profit brachte: Den Indios nahm man gewaltsam jedes Stück Edelmetall ab, danach wurden sie in den Gold- und Silberminen zu Tode geschunden.

Die Berichte von den sagenhaften Schätzen in der Neuen Welt verbreiteten sich von Hafenstadt zu Hafenstadt in ganz Europa. Und so mancher mutige Kapitän eines gutausgerüsteten Schiffes fragte sich, warum man das alles den Spaniern überlassen muß. Dabei waren die Spanier noch nicht einmal in der Lage, das Inselgewirr der Karibik zu überwachen. Es gab reichlich Schlupflöcher, wo man sich verstecken konnte. Ein Freibeuter brauchte also nur den schwerfälligen spanischen Gold- und Silberflotten aufzulauern und sie auszurauben. Und obendrein hatte er noch Indianer und entflohene schwarze Sklaven als Verbündete gegen die verhaßten Spanier.

An der kubanischen Südküste lag der Sammelpunkt für europäische Seeräuber und sonstige gestrandete Existenzen auf der Isla de Pinos. Sie bot nicht nur sichere Ankerbuchten und vorzügliche Verstecke bei Angriffen der spanischen Marine. Sie hatte auch sonst alles, was die Piraten brauchten: Nahrung, die von Bukaniern und frei lebenden Indianern herangeschafft wurde, Süßwasserquellen und Kiefernholz zum Reparieren der Schiffe. Obendrein lag die Isla de Pinos unmittelbar an der Route der Galeonen. Die Piraten konnten also beobachten, wenn ein schwerbeladenes spanisches Schiff durch die Straße von Yucatán zum Kap San Antonio segelte.

Und noch ein Vorzug machte die Isla de Pinos zum beliebten Seeräubernest: Es gibt dort zahlreiche Höhlen mit hervorragenden Versteckmöglichkeiten, so daß die Piraten ihre erbeutete Fracht zwischenlagern konnten. Die Kubaner behaupten, daß etliche Verstecke auf der Insel bis heute nicht entdeckt worden sind. Schatzverdächtig ist die Insel allein darum, weil hier mehrere Seeräuber lebten, die nach einer großen Karriere durch ein Mißgeschick dem Gegner in die Hände gefallen

Der berühmte englische Piratenführer Sir Henry Morgan posiert, während seine Männer eine spanische Festung erobern.

waren. Gewöhnlich knüpften Marine-Kommandeure die Piraten kurzerhand auf. Mit dem Freibeuter starb dann auch das Wissen um das geheime Versteck auf der Isla de Pinos – abgesehen von einer Ausnahme, auf die wir später noch zu sprechen kommen werden.

Die prominentesten Piraten, die auf der Schatzinsel lebten und von dort aus die Spanier um ihre Schätze erleichterten, waren der Franzose Leclerc (ein großer Räuberkapitän mit Holzbein, angeblich das Vorbild für Long John Silver in Stevensons „Schatzinsel"), der Holländer Agustin Jol (auch ein Mann mit Holzbein, aber weniger bekannt), die vor Kuba gemeinsam operierenden Engländer John Hawkins und Francis Drake, der Franzose Jean Latrobe, der erst unter Jean Lafitte kämpfte und sich dann selbständig machte, der Engländer Charles Grant, der Franzose Franquesnay, der wegen seiner Grausamkeiten berüchtigte Bartolomé, genannt „der Portugiese", und schließlich der legendäre englische Pirat Henry Morgan. Unter Morgans Kommando kämpfte auch der Niederländer Alexandre Exquemelin, dessen Aufzeichnungen wir so viele Details aus jener Zeit verdanken.

Wir hoffen, nach unserer Ankunft auf der Schatzinsel mehr von den einzelnen Seeräubern zu erfahren, vor allem, wo sie lebten, was sie erbeuteten und wo man heute ihre Schätze vermutet. Vor uns liegt zunächst das Kap San Antonio. Die südlich vom Kap gelegene Bucht Bahía Corrientes war im goldenen Zeitalter der Piraterie gleichfalls ein Treffpunkt der Freibeuter, jedoch aus anderen Gründen.

Wer ganz sicher eine spanische Galeone erwischen wollte, legte sich unmittelbar hinter diesem Kap auf die Lauer. Der Nachteil war nur, daß man sich in der Bucht nicht wie auf der Schatzinsel im Dschungel verstecken konnte, sondern einer eventuellen spanischen Übermacht gnadenlos ausgeliefert war.

In der Bahía Corrientes hatten die Freibeuter eine kleine Basis mit Namen „Maria la Gorda" (übersetzt: Maria die Fette, benannt nach einer Prostituierten der Piraten). Etwa neun Meilen nördlich davon gibt es eine in der Karibik einmalige „Lagune des kochenden Wassers", wo die Seeräuber Süßwasser bunkerten, und irgendwo dazwischen sollen noch heute die Wracks der letzten zerschossenen Piratenschiffe liegen.

Die selbst in modernen Seekarten noch eingezeichnete Punta Hollandes erinnert an den Sammelpunkt der holländischen Freibeuter. Jene

Der Seeräuber „Bartolomé der Portugiese" führte französische und englische Piratenschiffe gegen die Spanier.

Der legendäre englische Seeheld Sir Francis Drake.

hatten sich einen besonderen Trick ausgedacht, um die vom Festland kommenden Galeonen am Kap San Antonio zu plündern: Südöstlich vom Kap und unmittelbar vor dem Piraten-Stützpunkt trieben die gewitzten Holländer nachts Esel am Strand entlang, die auf einer Stange die typischen Hecklaternen spanischer Galeonen trugen.

Die spanischen Steuerleute folgten diesen Hecklaternen in der Annahme, das Licht ihrer Pilotschiffe weise ihnen den sicheren Weg um das gefürchtete Kap. Am Strand hatten die holländischen „Zee-Rovers", auch genannt „Zee-Geusen", eine leichte Beute. Genau dort, wo Punta Hollandes in der Karte steht, sollen noch heute Reste eines holländischen Piratenschiffes zu sehen sein, welches im März 1698 im Sturm gestrandet war.

Es ist schon Abend, als Daniel uns auffordert, all unsere Karten und

Bücher aus dem Cockpit zu räumen und uns um das Schiff zu kümmern. Der Sonnenuntergang vor breiten Wolkenfetzen verheißt starken Wind. Wir haben noch 16 Meilen bis zum Kap San Antonio, und nichts wäre unangenehmer, als wenn uns das Tief gerade dort zu fassen bekäme. Jeder Seemann weiß, daß an derart scharfen Kaps immer mit unangenehmen Winden und kabbeligem Seegang zu rechnen ist.

Wir packen die Seeräubergeschichten wieder in die Backskiste und stecken in das Großsegel und den Besan je ein Reff. Das Schlauchboot, die Taucherflaschen und den Kompressor verzurren wir seefest an Deck. Daniel und Susann sind schon den ganzen Tag lang abwechselnd Ruder gegangen. Doch auch am Abend wollen sich die Schiffseigner nicht ablösen lassen. Möglicherweise ahnen sie, daß es eine unangenehme Nacht werden könnte.

Sturm am Kap San Antonio

Sagten nicht die Fischer von Puerto Esperanza, wir sollten aufpassen, weil im März kurzfristig Sturmtiefs über die Westspitze Kubas ziehen? Am Kap San Antonio solle es dann besonders ungemütlich werden.

Wir haben bei Einbruch der Dunkelheit noch etwa 16 Meilen zum Kap zu segeln, und von dort weitere 15 bis zum geschützten Ankerplatz in der Bahía de Corrientes. Während Susann steuert, kontrolliert Daniel auf und unter Deck noch mal alle Laschings. Man weiß ja nie.

Mischa, Rüdiger und ich haben unter Deck die Kameraausrüstung seefest verpackt und verzurrt. Von uns aus kann es losgehen. Wir nutzen den freien Abend, um uns abzusprechen, wo wir nach Umrunden des Kaps festmachen werden. Der alte holländische Seeräuberstützpunkt Punta Hollandes scheint uns weniger geeignet zu sein, weil er dicht am Kap liegt und es dort bei Seegang unruhig sein könnte. Wesentlich sicherer dürfte der tief im Inneren der Bahía de Corrientes liegende frühere Piratenstützpunkt Maria la Gorda sein.

Rund um Kuba findet man nur wenige Häfen oder Liegeplätze, die für unseren Schoner geeignet sind. Uns bleibt also nichts anderes übrig, als an sicher erscheinenden Plätzen vor Anker zu gehen – genau dort, wo auch früher schon die Freibeuter mit ihren Schiffen lagen. Der von uns favorisierte Ankerplatz Maria la Gorda ist zugleich ein günstiger Ausgangspunkt, um nach der Quelle des kochenden Wassers und einer Piratenhöhle im Dschungel der Halbinsel Guanahacabibes zu suchen.

Kap San Antonio war früher von Seefahrern gefürchtet, weil nördlich der Landspitze zahlreiche Untiefen die Schiffahrt gefährden. Dicht an der Küste sind es kleine Sandinseln mit Mangrovenwäldern, weiter draußen auf See lauern tückische Korallenriffe dicht unter der Wasseroberfläche. Man bedenke, daß es zur Zeit der spanischen Galeonen noch keine detaillierten Seekarten mit flächendeckenden Tiefenanga-

LOUISETTE *segelt in Richtung Kap San Antonio.*

ben gab. Man brauchte entweder Glück oder einen erfahrenen Steuermann.

Das berüchtigte Kap San Antonio verdankt seinen Namen einem spanischen Steuermann mit Namen Antonio de Alaminos. Er entdeckte die Route, die die Galeonen von Havanna aus zum Kap und weiter zur mexikanischen Halbinsel Yucatán bzw. nach Honduras, Panama oder Kolumbien führte. Antonio de Alaminos war von etwa 1515 bis 1530 Steuermann bei zahlreichen Expeditionen nach Neuspanien, dem heutigen Mexiko. Er führte auch den auf Kuba lebenden Großgrundbesitzer und wegen seiner Grausamkeiten bekannten Konquistador Hernán Cortés im Jahre 1519 am Kap San Antonio vorbei zum mittelamerikanischen Festland. Auf diesem Raubzug plünderte und unterwarf Cortés das Aztekenreich, worauf er zum Generalkapitän von Neuspanien ernannt wurde.

Unter solchen Umständen ist es verständlich, wie verhaßt die Spanier zu jener Zeit waren. Entsprechend leicht hatten es die Piraten, unter den überlebenden Indianern, die sich zu der Zeit schon längst in einsame Urwaldgebiete und an unerschlossene Küsten zurückgezogen hatten, Verbündete im Kampf gegen die Spanier zu finden.

Um am Kap San Antonio nicht nachts auf einer vorgelagerten Mangroveninsel oder auf dem Riff zu stranden, haben wir entschieden, bis 84°59′ westlicher Länge zu segeln und erst dann das Kap zu runden. Je näher wir an die Landspitze kommen, desto mehr nimmt der Wind zu. Gegen 22 Uhr haben wir sieben Beaufort und müssen in die beiden Gaffelsegel ein zweites Reff stecken. Da der Wind aus dem nördlichen Quadranten, also nahezu von achtern, kommt, läßt sich der Schoner mit den beiden Vorsegeln gut auf Kurs halten.

Rüdiger bekommt durch das anhaltende Geigen vor dem Wind Probleme mit dem Magen. Er hängt sich einmal über die Reling. Nach dem Spucken hat er sich wieder im Griff. Auch mir wird mulmig im Magen, und ich übernehme darum das Steuer. Beschäftigung und Konzentration an frischer Luft helfen besser als Reisetabletten. Bei mir ist Steuern das sicherste Mittel gegen aufkommende Seekrankheit.

Gegen Mitternacht bekommen wir das Leuchtfeuer Cabo San Antonio an Backbord querab. Plötzlich pfeifen scharfe Böen über uns hinweg. Sie kommen immer mehr aus westlicher Richtung. Wir schiften kurzentschlossen die Segel, um keine Patenthalse zu riskieren. Daniel und Mischa holen nacheinander Großsegel und Besan auf die Steuerbordseite, während ich langsam mit dem Heck durch den Wind gehe und von unserem Südkurs schon leicht nach Osten abweiche. Hurra, wir haben das Kap gerundet! Beim Überholen der Genua hören wir erst einen lauten Knall, dann ein nervendes Schlagen. Im unteren Drittel des Vorsegels ist eine Naht der vollen Länge nach aufgeplatzt. Nur noch ein kleiner Fetzen hängt an der Schot. Der größere Teil flattert und schlägt wild über dem Klüver.

Daniel rennt wie angestochen nach vorn, um das Tuch zu bergen. Ich rufe ihm hinterher, daß er sich einpicken soll. Doch er hört nichts mehr und verschwindet auf der äußersten Spitze des Vorschiffs im Dunkel der Nacht und versucht, das schlagende Segel zu bändigen. Mischa greift sich schnell einen Lifebelt aus der Backskiste, legt ihn an und sucht etwas, wo er sich einpicken kann. Doch wir haben es versäumt, ein Strecktau als Sicherheitsleine zum Vorschiff zu spannen. Mischa rennt mit dem Karabinerhaken in der Hand in Richtung Bugspriet.

Nachtwache auf der LOUISETTE *bei Starkwind.*

Eine bange Viertelstunde lang ist von den beiden nichts mehr zu sehen oder zu hören. Aufgrund des zerfetzten Vorsegels fehlt dem Schoner die Balance, und er will ständig aus dem Ruder laufen, so daß ich permanent gegensteuern muß. Doch am meisten Sorgen mache ich mir um Daniel und Mischa auf dem Vorschiff. Einen Moment lang denke ich, wie schwierig, ja fast aussichtslos es wäre, jetzt einen über Bord gegangenen in dunkler Nacht im Seegang wiederzufinden.

Da kommen beide zurückgekrochen, klitschnaß zwar, aber guter Dinge. Sie haben das zerrissene Vorsegel am Seezaun festgelascht. Mischa meint, es sei zum Glück wirklich nur die Naht, so daß wir es mit Bordmitteln wieder reparieren könnten. Je weiter wir um das Kap herum segeln und auf östlichen Kurs gehen, desto mehr beruhigt sich die See. Die Landzunge Guanahacabibes bietet Schutz vor den Böen, die jetzt aus nordwestlicher Richtung kommen. Wir segeln darum nicht quer über die Bahía de Corrientes direkt nach Maria la Gorda, sondern hangeln uns an der Nordküste der Bucht entlang. So fahren wir windgeschützt in Lee der Halbinsel und haben ruhigeres Wasser.

Kap San Antonio

Goldtransporte nach Havanna

N

Cabo San Antonio

Punta Hollandes

Am Kap Holland sank 1698 ein holländisches Piratenschiff

Halbinsel Guanahacabibes

Playa Perjuicio

Los Ingleses

Ankerplatz des Piraten Perjuicio („der Böse")

Piratenbucht Maria La Gorda

Bahia de Corrientes

Piratenhöhle im Dschungel

La Bajada
Lagune des kochenden Wassers

Wrack auf ca. 6 m Wassertiefe

Felsformation Maria La Gorda

Cabo Corrientes

Morgens um zwei Uhr entdecke ich an Backbord ein weißes Licht an der Küste. Wir sind auf Höhe Punta Hollandes, und das Licht bewegt sich, als ob die holländischen Freibeuter noch immer da wären und mit Irrlichtern die Schiffe auf den Strand locken. Ich frage Mischa, was das sein könnte, denn laut Seekarte ist dieser Küstenabschnitt unbewohnt. Mischa meint, daß es an der Küste entlang sicher einen schmalen Weg gäbe, der zum Kap führe und den man mit einem Jeep befahren könne. Er vermutet, daß am Leuchtturm die kubanische Küstenwache einen Beobachtungsposten, vielleicht sogar ein Radargerät, hat. Immerhin zeige diese Landspitze weit in den Golf von Mexiko hinein und sei strategisch ein interessanter Ort.

Da man in Kuba, das immerhin größer ist als England, die Zahl der Sportschiffe noch immer an wenigen Händen abzählen kann, ist es sicher ein nicht alltägliches Ereignis, wenn ein Schoner am Kap vorbeizieht und in die frühere Seeräuberbucht einläuft. Es ist anzunehmen, daß ein Geländewagen parallel mitfährt, um festzustellen, wo wir ankern und an Land gehen werden.

Mischa, der sich nach zwei Jahren in Kuba ganz gut auskennt, hat mit seiner Vermutung recht. Der Fahrweg scheint zeitweise durch den Dschungel verdeckt zu sein, denn wir sehen die Lichter erst wieder kurz vor vier Uhr auf Höhe von Playa Perjuicio. Dieser Strandabschnitt ist nach dem Piraten Perjuicio („der Bösartige") benannt.

Perjuicio, einer der letzten Seeräuber zu Beginn des 19. Jahrhunderts, war der Geliebte der Piraten-Hure Maria la Gorda, die unweit von hier ein kleines Anwesen am Strand hatte. Perjuicio war ein kubanischer Seeräuber spanischer Abstammung. Auch das hat es gegeben. Der Überlieferung nach wurde er hier am Playa Perjuicio von dem ebenfalls spanischstämmigen Strandräuber Juan Claro erschlagen, weil auch jener Maria begehrte und abgeblich für sich allein haben wollte.

Kurz vor Sonnenaufgang sehen wir an Backbord die Lichter des Dorfes Los Ingleses. Die Kubaner sagen, die aus wenigen Hütten bestehende Siedlung wurde zu Beginn des 19. Jahrhunderts von englischen Schmugglern und Freibeutern angelegt, die sich nach Aufgabe der Piraterie als Fischer niederließen. Angeblich sei hier – im Gegensatz zur Schatzinsel – kein direkter Nachfahre der englischen Piraten mehr zu finden. Sie hätten sich mit den Kubanern so weit vermischt, daß man ihre Spuren heute nicht mehr nachweisen könne.

In Höhe Los Ingleses sind wir schon so tief im Schutz der Bahía de Corrientes, daß uns der Sturm nicht mehr viel anhaben kann. Wir setzen unseren Kurs quer über die Bucht ab und steuern direkt das alte Seeräubernest Maria la Gorda an. Im Lichte der aufgehenden Sonne bekommen wir kurz nach sieben Uhr den wunderschönen Sandstrand von Maria la Gorda zu sehen. Es gibt keinen Hafen, sondern nur einen verkommenen alten Anleger.

Daniel wagt es wegen des unbeständigen Wetters nicht, bis an den ringsum offenen Anleger zu fahren. Wir gehen sicherheitshalber etwa 200 Meter vor der Piratenküste vor Anker. An Land sehen wir drei uns bekannte Gestalten aufgeregt winken. Es sind Per, Wiel und Stephan.

Jetzt klappt auch der Funkkontakt über UKW. Wiel berichtet, daß sie am Abend vorher angekommen seien und in einer kleinen Tauch-Basis übernachten durften. Alle seien guter Dinge, und es gäbe viel zu sehen, was an die Piraten erinnere. Am liebsten würde er sofort mit den Dreharbeiten beginnen.

Vor La Bajada in der Bahía de Corrientes.

Doch wir sind kaputt von der durchsegelten Nacht und brauchen erst eine Mütze voll Schlaf. Wiel versteht das, und wir vereinbaren, daß wir mittags an Land kommen, wo wir anscheinend in der Tauch-Basis Essen können. Anschließend wollen wir ein Naturphänomen mit dem Namen „Lagune des kochenden Wassers" erkunden, wo einst die Piraten auf sehr seltsame Art ihre Fässer mit Süßwasser füllten.

Prachtstraße Malecon in Havanna: Der Verfall ist allgegenwärtig.

Havanna: Yachten machen in der Marina Hemingway fest (oben); das Castillo del Morro an der Einfahrt in den Stadthafen.

Farbenprächtige Unterwasserwelt im Karibischen Meer (oben); Überreste eines Wracks in der Bahía de Corrientes.

Die märchenhafte Höhle Guanahacabibes (oben); Bodo Müller mit einem einhei-mischen Führer im ehemaligen Piratenversteck.

*Feldarbeit bei Kap San Antonio (oben). Pferd und Machete sind auf dem Lande
nicht nur Arbeitsmittel, sondern Statussymbol.*

Schoner LOUISETTE *vor der Schatzinsel Isla de Pinos (oben). Bodo und Daniel bestimmen den Kurs zu den Piratennestern.*

LOUISETTE *vor Colony in der Bucht Siguanea (oben). Die Landbevölkerung lebt noch wie vor Jahrhunderten in Bohios.*

Isla de Pinos: Aussichtspunkt der Piraten mit Blick über den Dschungel San Pedro (oben). TV-Team auf Spurensuche im Urwald.

Die Lagune des kochenden Wassers

Frisches und möglichst kaltes Trinkwasser war für die europäischen Piraten in der sonnigen Karibik Gold wert. Man stelle sich nur die subtropischen bis tropischen Temperaturen an der kubanischen Südküste im Sommer vor. Die Freibeuter aus dem kalten Norden hatten unter 40 Grad im Schatten zu leiden. In den Verstecken an oft unbewohnten Küsten gab es weder gekühlte Getränke in einem Wirtshaus noch einen Brunnen, aus dem man das lebenswichtige Elixier schöpfen konnte. Brunnen existierten nur in Siedlungen und Städten, doch die wurden von den Todfeinden, den Spaniern, bewacht. Wer als Pirat dort seinen Durst löschen wollte, riskierte sein Leben.

Wo also in drückender Hitze Wasser bekommen auf einer abgelegenen Landzunge, die aus Mangrovenwäldern und schwer durchdringlichem Dschungel besteht? Das stehende Brackwasser in den Sümpfen war auch vor dreihundert Jahren ein Nährboden für Keime, denen der Verdauungstrakt selbst des härtesten Seemannes nicht standhielt.

Die karibischen Freibeuter hatten nur wenige Stellen, wo sie sich mit Süßwasser versorgen konnten und wo sie sich darum auch immer wieder trafen. Eine davon lag und liegt noch heute beim Kap San Antonio. Dort schöpften die Räuber das Wasser aus einer Quelle, die einmalig in der Karibik ist. Das kuriose Naturphänomen ist eigentlich keine richtige Quelle, sondern ein unterirdischer Fluß, der in eine Lagune mündet – in der Lagune des kochenden Wassers. Sie liegt etwa 28 Seemeilen südöstlich vom Kap San Antonio in der Bahía de Corrientes. Man findet die Lagune dort unweit der kleinen Siedlung La Bajada.

Ich hatte diese Stelle erstmals 1995 zusammen mit dem Piraten-Forscher Prof. Alessandro Lopez besucht und weiß, daß die Seeräuber mit ihren kleinen und wendigen Fahrzeugen direkt in die Lagune fuhren. Inmitten des winzigen Naturhafens, der einen Durchmesser von etwa

Daniel repariert Schäden am Klüver.

35 Metern hat, banden sie ihre Boote bzw. Schiffe mit zum Ufer ge-
spannten Leinen fest. Ein kleines Schiff liegt in der kreisrunden Lagune absolut geschützt, weil der einzige Eingang nur acht Meter schmal
und dabei so versetzt ist, daß kein Brecher in die Lagune rollen kann.
Der Wasserspiegel der Lagune ist selbst bei ruhigem Wetter in Wallung.
Es sieht so aus, als würde das Wasser kochen. Dabei ist die Wassertemperatur in der Lagune nicht höher als im umgebenden Karibischen
Meer, sondern bis zu zehn Grad niedriger. Die Ursache für das Brodeln
der Wasseroberfläche ist ein scheinbar unerschöpflicher Süßwasser-
fluß, der von unten in die Lagune drückt.
Lopez erklärte mir, daß die Seeräuber aus England, Holland und Frank-
reich in dieser Lagune mit Steinen beschwerte Fässer nach unten auf
vier Meter Tiefe ließen. Aus den vorher geöffneten Stöpseln entwich
die Luft und binnen weniger Minuten füllte sich ein Faß mit kostbarem
Süßwasser, welches obendrein noch kühl war.
Dank eines Vermerks auf meiner kubanischen Seekarte finden wir die
Stelle auf Anhieb. Da eine leichte Dünung in Richtung Küste rollt, will

Filmaufnahmen in der Bahía de Corrientes.

Daniel es nicht riskieren, mit dem Schoner in die kleine Lagune zu fahren, sondern ankert unmittelbar davor. Wir lassen das Beiboot zu Wasser und machen uns klar für ein Experiment. Wir wollen wissen, ob man aus der Lagune, die eine offene Durchfahrt zum salzhaltigen Meer hat, tatsächlich süßes Wasser schöpfen kann.

Daniel fährt Stephan und mich in die Lagune. Ich lege Taucherbrille, Schnorchel und Flossen an. In der Hand habe ich eine leere Feldflasche. Die will ich auf dem Grund der Lagune öffnen und dann versuchen, vom Boden der Bucht Süßwasser zu holen.

Unser Froschmann Stephan hat sein Taucherjacket mit Preßluftflasche und Lungenautomat ins Beiboot gelegt. Sollte es gelingen, süßes Wasser vom Meeresboden zu holen, will er genauer untersuchen, wie das funktioniert.

In der Lagune angekommen, springe ich mit der Flasche ins Wasser und tauche ab. Doch mir schießt ein so starker kalter Strom entgegen, daß ich es nicht bis zum Grund der Lagune schaffe. Ich binde mir einen Gürtel mit sechs Kilogramm Blei um die Hüfte und versuche es noch einmal. Während ich abtauche, spüre ich, daß ich gegen den Strom eines Flusses anschwimmen muß.

Auf etwa vier Metern Tiefe halte ich mich an einem alten steinernen Gefäß fest und sehe vor mir einen kreisrunden dunklen Schlund mit mindestens anderthalb Meter Durchmesser. Aus dem dunklen Loch schießt kaltes Wasser. Ich öffne meine Feldflasche, lasse die Luft abblasen und halte die Flasche in den Strom; nun schnell zuschrauben und mit letzter Atemluft auftauchen.

Etwas erschöpft setze ich mich am Ufer auf das Korallengestein. Durst habe ich jetzt sowieso. Also schraube ich die Flasche auf und setze an. Erst einen vorsichtigen Schluck zur Probe, dann trinke ich den ganzen Inhalt in einem Zug. Es ist Süßwasser, wunderbares, kaltes Trinkwasser, und es schmeckt ausgezeichnet.

Daraufhin taucht Stephan mit Preßluftflasche ab, um das Phänomen genauer zu untersuchen. Nach zwanzig Minuten kommt er wieder hoch und berichtet: „Das Wasser schießt aus einem unterirdischen Tunnel. Der scheint sehr lang zu sein. Wegen der Strömung kam ich nicht weit. Ein Ende ist nicht zu sehen."

Der Meeresarchäologe Lopez hatte also recht. Hier konnten Seeleute Frischwasser bunkern. Es liegt nahe, daß die Piraten hier ankerten und in der Lagune des kochenden Wassers ihre Wasserfässer füllten.

Während wir am Ufer unsere Ausrüstung ablegen, bekommen wir Besuch. Ein kräftiger junger Mann mit freiem Oberkörper und durchgehender Bräune stellt sich als Taucher vor, der in Maria la Gorda arbeite und die unterirdische Quelle gut kenne. Er meint, es sei nicht ganz ungefährlich, was wir da machen. Von Zeit zu Zeit würde nämlich der Strom kentern. Dann schießt in umgekehrte Richtung Salzwasser in den unterirdischen Fluß. Wer nicht aufpaßt, wird mitgerissen und hat keine Chance, lebend wieder rauszukommen. Kubanische Taucher hätten einmal in einer sorgfältig vorbereiteten Exkursion den unterirdischen Fluß erforscht. Er sei 240 Meter lang und würde von einem Süßwassersee im Dschungel gespeist. Normalerweise fließt das Süßwasser in Richtung Meer ab. Doch wenn auf dem Meer der Wasserstand einmal höher ist, weil zum Beispiel der Wind gegen die Küste drückt, fließt der unterirdische Strom in die Gegenrichtung. Dann sollte sich in der Lagune des kochenden Wassers niemand in die Tiefe wagen.

In der Bahía de Corrientes sind wir unter ständiger Beobachtung.

Inzwischen haben sich rund um die Lagune mindestens ein Dutzend Einheimische eingefunden. Ich staune, daß hier in der Einöde überhaupt so viele Menschen leben. Darunter sind auch drei neugierige Soldaten von der Küstenwache sowie vier junge Mädchen aus dem Dorf La Bajada. Bei den vielleicht 17 Jahre jungen Mädchen fällt uns auf, daß sie alle im Oberkiefer keine Schneidezähne haben, obwohl sie sonst hübsch und gut gepflegt aussehen.

Ein etwas schüchtern wirkender Mann um die Dreißig, der sich durch seine bessere Kleidung von den anderen abhebt, stellt sich vor als Ingeniero Forestal (Forstingenieur) Osmani Borrego Fernandez. Er sei der Chef der Nationalparkverwaltung der Halbinsel Guanahacabibes. So heißt seit indianischer Zeit die westlichste Landzunge Kubas, auf der wir uns befinden. Der freundliche zurückhaltende Osmani Fernandez betreibt mit seinen Wissenschaftlern hier sowohl botanische als auch archäologische Forschungen.

Senor Fernandez, der sich sichtlich freut, Besuch aus dem Ausland zu haben, erzählt uns, daß es neben der Quelle des kochenden Wassers

Ist das Wasser vom Grund der Lagune tatsächlich trinkbar?

noch andere Plätze gäbe, die an die Zeit der Seeräuber erinnern. Zu nennen seien vor allem das Wrack des englischen Seeräuberschiffes, welches nicht weit von hier auf sechs Metern Tiefe liege, die Piraten-höhle im Urwald, die in einem einstündigen Fußmarsch erreichbar sei, und dann gäbe es noch die Geschichte von einem sagenhaften Schatz, der hier liegen würde, aber bis heute nicht gefunden sei.

Fernandez sagt, es wäre sinnvoll, erst nach dem Wrack zu tauchen und dann zur Piratenhöhle zu wandern, denn beide Schauplätze stünden miteinander im Zusammenhang. Am Ende würde er uns erzählen, was es mit dem sagenhaften Schatz auf sich habe.

Nach dem Tauchen in der Lagune lädt unser TV-Team endlich die gesamte Ausrüstung aus dem Kleinbus ans Ufer und bringt die Alu-Kisten in drei Gängen mit dem Schlauchboot zur LOUISETTE. Endlich kann der Fahrer des Kleinbusses seine Heimreise nach Havanna antreten. Per, Wiel und Stephan sind jetzt auch bei uns an Bord, so wie wir es schon zu Beginn wollten. Es wird zwar eng auf dem Schoner, aber wir sind guter Dinge. Endlich können wir die Schauplätze der Piraten mit einem Segelschiff aufsuchen, und kein Beamter soll uns mehr daran hindern.

Während die Sonne glutrot in der Straße von Yucatán versinkt, trinken wir unseren letzten Cuba Libre. Ab morgen wird es nur noch „Cuba Blockade" geben. So nennen die Inselbewohner ihr Landesgetränk, wenn die nordamerikanische Cola dazu fehlt.

Nur Stephan verabschiedet sich am Abend noch einmal von uns und rudert mit dem Beiboot vom Ankerplatz zum nahen Land. Er sagt, er wolle ins Dorf La Bajada gehen, um herauszufinden, warum die jungen Mädchen dieses Ortes keine Zähne mehr hätten. Stephan liebt es regelrecht, sich unter die Einheimischen zu mischen. Er hat viele Jahre in Südamerika gelebt und fühlt sich scheinbar am wohlsten, wenn die Leute um ihn herum spanisch reden.

Die Suche nach dem Wrack

Auf meiner Seekarte der Bahía de Corrientes ist ein rotes Kreuz an jener Stelle vermerkt, wo das Wrack eines englischen Piratenschiffes liegen soll. Die konkreten Koordinaten lauten 21°51,2′ Nord; 84°28,1′ West. Das ehemalige Flaggschiff des bekannten Freibeuters Charles Gibbs ging hier im Jahre 1821 zerschossen auf Grund. Es ist das Relikt einer Seeschlacht, in der die letzten Piratenflotten vor Kubas Küste aufgerieben wurden.

Das Wrack in der Bahía de Corrientes symbolisiert damit zugleich den Anfang vom Ende der großen Zeit der Freibeuter, die später nur noch in kleinen Gruppen versprengt operierten und ab Mitte des vorigen Jahrhunderts völlig von der Bildfläche verschwanden.

Genau wie der Aufschwung der Piraterie im 16. Jahrhundert historische Ursachen hatte, so hatte auch das plötzliche Ende der Seeräuberei in der Karibik politische Hintergründe. Über Generationen hinweg kämpften Freibeuter aus England, Frankreich und Holland gegen die Spanier als den gemeinsamen Feind. Zu Beginn des 19. Jahrhunderts erstarkte in Kuba jedoch eine Unabhängigkeitsbewegung, die die Abtrennung vom Mutterland Spanien forderte. Kuba sah in den jungen USA im Norden einen politisch und wirtschaftlich starken Partner, an den es sich enger binden wollte. Den USA kam das sehr gelegen, da konservative US-Politiker schon immer danach schielten, die größte Karibikinsel in die Staatengemeinschaft aufzunehmen. Dementsprechend stark engagierten sich die Nordamerikaner für Kuba und damit gegen die Freibeuter, die die Küsten unsicher machten.

Die letzten Piratenflotten, die noch zwischen der südkubanischen Küste und dem mittelamerikanischen Festland operierten, bekamen das schnell zu spüren. Bisher galten sie in den Häfen Nordamerikas zwar offiziell auch als Verbrecher, waren aber trotzdem gar nicht so ungern gesehen. Denn wenn die verwegenen, braungebrannten Typen in einen Hafen einliefen, machten Schiffsausrüster, Gastwirte und Freudenhäuser das Geschäft des Jahres. Und selbst der Gouverneur ging nicht leer aus, wenn er dem Piratenführer und mitunter sogar seiner ganzen Crew offizielle Begnadigungsschreiben ausstellte.

Das hatte ein plötzliches Ende. Seit sich die USA für Kuba verantwortlich fühlten, war die Zeit der großen Gelage vorbei. Die Nordamerikaner wollten keine Freibeuter mehr dulden und drohten bei Festnahme mit der Todesstrafe. Die Piraten ihrerseits antworteten mit Überfällen auf Schiffe aus Nordamerika. Die USA ließen sich das nicht lange bieten und zeigten kurzerhand, wer der neue Herr in der Karibik ist. Im Sommer 1821 schickte die US-Marine sechs Kriegsschiffe und drei Kanonenboote an die Südküste Kubas, um die letzten Piratenflotten zu vernichten. Vor allem die dampfgetriebenen Kanonenboote waren eine schlagkräftige Waffe, der die Piraten nicht gewachsen waren.

Je mehr militärische und zivile Dampfschiffe in der Karibik operierten, desto mehr verschlechterte sich die allgemeine Lage der Seeräuber. Die kleinen Freibeuterflotten sahen sich außerstande, diesen Sprung in der technischen Entwicklung für sich nutzbar zu machen, denn außer den geschulten Dampfboot-Kanonieren brauchten sie jetzt auch noch Ingenieure, Kesselmeister, Kohlenstationen und zeitgemäß ausgerüstete Werften zur Überholung der Dampfmaschinen und Druckkessel. Das waren Anforderungen, denen auch eine wohlorganisierte Seeräuber-Flotte nicht mehr genügen konnte, zumal es kaum noch Häfen gab, in denen die verwegenen Männer mit den Enterbeilen gern gesehen waren.

Damit nicht genug. Das freie Leben in unabhängigen Gemeinschaften auf kleinen Inseln, über deren Besitz sich die Weltmächte lange Zeit nicht einigen konnten, war zu Ende. Auch die karibischen Staaten begannen, sich im 19. Jahrhundert immer besser zu organisieren. Seehandel und Personenschiffahrt auf festen Routen hatten einen solchen Stellenwert erreicht, daß man sich nicht mehr von wilden Abenteurern, die eigentlich in ein anderes Zeitalter gehörten, stören lassen wollte.

Die neuen, von Dampfmaschinen getriebenen Kanonenboote der US-Marine waren bis zu 15 Knoten schnell und ermöglichten einen wirkungsvollen Küstenschutz bei nahezu jedem Wetter. Das Netz der Kü-

Auf der Suche nach dem Wrack eines Piratenschiffs.

stenwachstationen und Zollkontrollen wurde immer dichter. Schmuggel, Strandraub und Piraterie waren kaum noch geheimzuhalten und wurden damit immer risikoreicher.

Mit einem Kanonenboot konnte man unabhängig von der Windrichtung jeden Kurs einschlagen, beliebig schnell die Position wechseln und somit spielend leicht die volle Breitseite zur Geltung bringen. Ein immer von Windrichtung und -stärke abhängiges Segelschiff hatte dagegen keine Chance mehr. Obendrein konnte ein Kanonenboot auch ins Flachwasser fahren, wo die Piraten mit ihren kleinen und wendigen Seglern bisher so sicher versteckt waren.

In jenem schicksalhaften Jahr 1821 operierte im Südwesten Kubas, in der Nähe vom Kap San Antonio, der aus England stammende Piraten-Führer Charles Gibbs. Er befehligte eine Flotte von vier englischen Schonern und mehreren kleinen Booten sowie eine Besatzung von über einhundert Mann. Sowohl er als auch seine Crew waren seit langem bekannt, und man zählte sie zu den übelsten Schurken, die jemals zur See fuhren. Piraten-Führer Gibbs hatte einmal einem gefangen ge-

nommenen Kapitän beide Arme und Beine abgehackt. Bei einem anderen Überfall hatte er die Besatzung eines Handelsschiffes bei leben-
digem Leibe verbrannt.

Der junge und ehrgeizige US-Lieutenant Commander Lawrence Kearney leitete im Sommer 1821 mit seiner Brigg ENTERPRISE eine Expedition gegen die letzten Piraten. Commander Kearney bewies ein gutes
Gespür, als er den alten Piratentreffpunkt in der Bahía de Corrientes
bei Kap San Antonio ansteuerte. Am 16. Oktober entdeckte er dort von
seinem Flaggschiff aus die vier Piratenschoner von Charles Gibbs. Der
war gerade bei der Arbeit, und seine Männer hatten alle Hände voll zu
tun. Gibb's Piratenflotte war dabei, drei Handelsschiffe zu plündern.

In einem kurzen, aber hitzigen Gefecht schoß Kearney die Piratenflotte
unweit des Strandes zu Kleinholz. Vierzig Räuber wurden gefangenge-
nommen, die anderen sprangen ins Wasser, retteten sich ans nahe Ufer
und flüchteten in den Dschungel. Darunter war auch der Anführer
Gibbs. Es wird vermutet, daß sie in die frühere Indianerhöhle von Guanahacabibes flüchteten. Sie diente ganzen Generationen von Seeräubern als Fluchtburg, und wahrscheinlich hat auch Gibbs dieses Versteck
gekannt. So kam er ein letztes Mal mit dem Leben davon. 1831 wurde
er ergriffen, und die überhaupt nicht mehr toleranten Nordamerikaner legten ihm eine Schlinge um den Hals.

Nach diesem erfolgreichen Schlag war die Freibeuterei dennoch nicht
abrupt zu Ende. Es gab noch zu viele Piraten, die in kleinen Gruppen
im Insel-Archipel südlich von Kuba nach Beute jagten. Der US-Kongreß
bewilligte daraufhin im Jahre 1823 die für damalige Verhältnisse unge-
heuere Summe von 500 000 Dollar zur Aufstellung einer perfekten Piratenfänger-Flotte. Commodore David Porter, der den Auftrag erhielt,
auch den letzten Piraten endgültig zu vertreiben, kaufte fünf schnelle
Schoner mit geringem Tiefgang und einen Connecticut-Dampfer. Um
die Piraten auch bis zum Ufer verfolgen zu können, ergänzte er seine
Flotte um fünf flache Lastkähne, die von je 20 Mann gerudert wurden.
Dazu kaufte er ein Köderschiff, das aussah wie ein übliches Handels-
schiff, jedoch mit sechs großkalibrigen Kanonen ausgestattet war.

Mit 1 150 Matrosen und Marineinfanteristen führte Porter die bislang
größte Piratenfänger-Flotte von Virginia aus nach Süden ins Seegebiet
zwischen Kuba und Mexiko. Dort schloß er sich mit der Flotte des be-

reits erwähnten erfolgreichen Lieutenant Kearney zusammen. Im April 1823 griff diese unbesiegbare Streitmacht die Flotte des kubanischen Piraten „Diabolito" (dt. Teufelchen) an. In einer blutigen Schlacht wurden dessen Schiffe in Grund und Boden geschossen. 70 Piraten kamen dabei ums Leben, und in den folgenden Jahren brachte Porters Flotte noch einmal mehrere hundert zur Strecke. Die Überlebenden zerstreuten sich in alle Winde und begannen an meist unbesiedelten Küsten, wo die Gefahr des Entdecktwerdens gering war, ein neues Leben.

Bei drei bis vier Windstärken aus Südwest segeln wir am Vormittag mit der LOUISETTE durch die Bahía de Corrientes zu der erwähnten Position eines der am 16. Oktober 1821 gesunkenen Piratenschiffe von Charles Gibbs. Da es das einzige Schiff ist, von dem noch etwas zu sehen ist, ist es wahrscheinlich auch das größte gewesen. Vermutlich war es das Schiff des Kommandanten.

Im Laufe des Vormittags erreichen wir die Position unweit der Küste und lassen auf 10 Metern Tiefe den Anker fallen. Skipper Daniel macht für uns sein desolates Beiboot mit dem ebenso schrottreifen Außenborder klar. Stephan und ich bereiten unsere Tauchausrüstungen vor. Wir haben große 15-Kilo-Preßluftflaschen, die uns Mischa samt Kompressor von der Charterbasis mitgebracht hat. Ich fülle von meiner Preßluftflasche etwas Luft in die Notflasche meines Dräger-Body-Jackets. Sicher ist sicher, denke ich, denn ich werde mit Stephan allein nach unten gehen und in eine uns unbekannte Welt eintauchen.

Wir legen die Taucherjackets mit den montierten Preßluftflaschen und Lungenautomaten zu Daniel ins schon leicht marode Gummiboot, dazu jeweils Schnorchel, Flossen und Maske. Zuletzt holt Stephan noch die Unterwasserfilmkamera und die Akkuleuchten. Mit Daniel als Schlauchbootfahrer motoren Stephan und ich die dreihundert Meter vom Heck der LOUISETTE zur Küste, wobei ich hoffe, das auf sechs Metern liegende Wrack eventuell von oben zu sehen. Doch wir haben Seegang, und es fällt schwer, vom Boot aus unter Wasser etwas zu erkennen. Das Meer ist viel zu aufgewühlt, um bis auf sechs Meter Tiefe sehen zu können.

Erschwerend kommt hinzu, daß Daniels Gummiboot leckt wie ein Sieb und permanent Luft verliert. Einer von uns muß andauernd pützen.

Wir machen das Beiboot klar zum Tauchgang.

Der mit vier PS viel zu schwache Außenborder läuft immer nur so lange, bis sich Daniel vom kräftezehrenden Anreißen gerade wieder erholt hat. Es hat keinen Sinn, das Wrack auf diese Weise suchen zu wollen. Stephan und ich legen Flossen, Schnorchel und Maske an. Wir versuchen nun, an der Wasseroberfläche schnorchelnd, das ehemalige Piratenschiff zu finden.

Während Stephan in Richtung Norden schnorchelt, suche ich das Wrack auf einem südlicheren Kurs und weiter draußen auf See. Nach einer Viertelstunde sind wir außer Rufweite und sehen als Orientierungspunkt in unserer Mitte nur noch das winzige Schlauchboot mit Daniel auf den Wellen tanzen.

Das Wasser hat eine Temperatur von etwa 27 Grad. Ich bin froh, daß ich einen Camaro-Overall angezogen habe, so besitze ich genügend Auftrieb, um im Seegang nicht durch Schwimmbewegungen zuviel Kraft zu verlieren. Ich schnorchele soweit hinaus auf See, daß ich den Meeresgrund gerade noch sehen kann. Durch den aufgewühlten Sand im Seegang habe ich Mühe, die Tiefe zu schätzen. Etwa acht bis zehn

Meter könnten es sein. Der Boden besteht aus feinem Sand und ist nur stellenweise von Korallen bewachsen. Ein Blick unter Wasser in die Ferne, wie er gerade in der Karibik wegen des klaren Wassers so reizvoll sein kann, ist heute unmöglich. Ich schätze die Sicht geradeaus auf höchstens 15 Meter. Dann verschwimmt alles in einer grauen Wolke aufgewirbelten Sandes. Unter diesen Bedingungen ist es besonders schwer, das Wrack zu finden. Gelegentlich sehe ich Fische, die überhaupt nicht scheu sind. Meist sind es die silbrigen Barrakudas in einer Größe von etwa einem Meter.

Einen Moment lang überlege ich, was ich wohl machen würde, wenn jetzt ein ausgewachsener Hai käme. Aber da sowohl unser Schlauchboot als auch die LOUISETTE weit außerhalb der Rufweite sind, hätte ich keine andere Möglichkeit, als ruhig weiterzuschwimmen. Immer weiter entferne ich mich von der ursprünglichen Position. Doch ich sehe keine Spur vom Piratenschiff. Nach einer Stunde ununterbrochenen Schnorchelns im Seegang will ich zurück. Ich schwimme nun so dicht an die Küste heran, bis ich unter Wasser so etwas wie eine Tiefenlinie zu meiner Orientierung finde. Es ist genau die Kante, auf der zum Ufer hin der Grund mit Korallen bewachsen ist und auf der zur offenen See hin feiner Sandboden kommt. An dieser Kante ist eine deutliche Tiefenabstufung zu sehen. Die Meerestiefe schätze ich hier auf fünf bis sechs Meter.

Folgende Überlegung läßt mich genau an dieser Kante entlang weiter suchen: Wenn ein leckgeschlagenes Schiff an der Küste strandet, dann mit hoher Wahrscheinlichkeit dort, wo der Meeresboden ansteigt. Ich folge der Linie in Richtung unseres Ankerplatzes. Es dauert wiederum fast eine Stunde, bis ich auf der Peilung zwischen LOUISETTE und dem Beiboot bin. Es sind inzwischen zwei Stunden vergangen, und ich bekomme den ersten leichten Krampf in der Wade. Ich ziehe die Flossenspitze an mich heran, um den Krampf zu lösen. Es ist an der Zeit, für heute die Suche aufzugeben.

Da bricht die Sonne durch und gibt mehr Licht. Plötzlich sehe ich unter Wasser gleichmäßig aufgereihte lange Schatten, wie von einer Reihe stehender Pfosten. Ich ahne etwas und gerate in Hochstimmung. Die Erschöpfung ist plötzlich weg. Ich hole tief Luft und gehe auf Tiefe. Es ist wie im Märchen. Da liegt es vor mir: das Wrack des Piratenschiffes.

Schon in wenigen Metern Tiefe entdecken wir ein Wrack.

Die lange Schatten werfendenden Spanten stehen noch heute aufgereiht wie die Knochen eines Skeletts. Über nahezu zwei Jahrhunderte haben sie ihre Form behalten.

Mit einem Aufschrei der Freude signalisiere ich meinen Fund Daniel und Stephan. Sie kommen mit dem Schlauchboot angebraust. Obwohl Stephan und ich jetzt eine Pause einlegen sollten, legen wir die Tauchausrüstungen an und gehen auf Tiefe. Plötzlich sind wir in einer anderen Welt. Es ist, als seien wir tief in unsere Kinderträume abgetaucht. Neben uns auf dem Meeresgrund liegt das lang gesuchte Wrack, und wir können neugierig hineinkriechen, es anfassen, fotografieren und filmen.

Die Schiffsreste liegen auf etwa sechs Metern Tiefe. Über dem Meeresgrund ist das Wasser wesentlich ruhiger als an der Oberfläche. Vom Schiff sind noch die meisten Hauptspanten und am Bug ein Teil des Klüvers zu sehen. Das Heck ist von Sand überspült und stellenweise von Korallen überwachsen. Von den Aufbauten, dem Rigg und der Beplankung ist nichts mehr zu sehen, zumindest nicht auf den ersten Blick.

Bei Unterwasser-Aufnahmen am Wrack.

Möglicherweise könnte man im Sand noch Reste davon finden. Der Schiffsrumpf ohne Klüver war einmal um die 25 Meter lang und etwa 5 Meter breit. Das schnittig gebaute Vorschiff und die Form der Spanten deuten darauf hin, daß es entweder ein Schoner oder eine kleine Brigg gewesen sein muß.

Interessanterweise liegen im Schiffsinnern, etwa im Bereich des Kiels, noch in größeren Mengen Reste des Steinballastes oder eventuell auch Teile der Ladung. Dieser Bereich ist schon von Korallen überwachsen. Wollte man das genauer herausfinden, müßte man den Bewuchs gewaltsam entfernen. Doch zwischen den Spanten des Wracks ist ein neuer Lebensraum entstanden, vielfältiger und farbenprächtiger als auf dem umgebenden Meeresboden. An den Spanten des Seglers wachsen Fächerkorallen, Polypen und Schwämme, dazwischen tummeln sich kleine Fische in allen Farben des Regenbogens. Das tote Schiff ist voller Leben, und deshalb berühren wir aus Respekt so wenig wie möglich davon. Ohne Bewuchs geblieben sind lediglich die Kupferplatten, mit denen früher die hölzernen Rümpfe beschlagen wurden, um sie in der

Karibik vor Bewuchs und vor allem vor der Bohrmuschel zu schützen. Einige diese Platten finden wir im Sand neben dem Schiff. Alle anderen Teile des Wracks bilden eine so paradiesische Unterwasserlandschaft, daß wir sie nicht zerstören möchten – auch wenn die Lust, im Bereich des Laderaums ein wenig im Meeresboden herumzugraben, schon in einem kribbelt.

Um wenigstens eine Erinnerung von dem alten Piratenschiff mit in die Gegenwart zu nehmen, lese ich kurz vor dem Auftauchen einen ellenlangen Kupfernagel vom Meeresgrund auf. Piratenkapitän Charles Gibbs und seine Männer werden es mir sicher verzeihen.

Die Piratenhöhle Guanahacabibes

Am Tag nach dem Tauchgang herrscht endlich Windstille, und die karibische Sonne brennt so erbarmungslos, wie wir es uns wünschen. Es ist Mitte März, und mit 30 Grad im Schatten ist es schon am Vormittag heißer als bei uns im Hochsommer. Während Daniel und Susann auf dem vor Anker liegenden Schiff bleiben, setze ich mit dem TV-Team zum Land über, wo wir uns beim Dorf La Bajada mit dem Nationalparkchef Osmani Borrego Fernandez treffen. Er stellt uns zwei jungen Männern vor, einer ist schwarz, der andere spanischer Abstammung, die uns durch den Dschungel zur Höhle Guanahacabibes führen sollen.

Die Höhle liegt etwa eine Stunde Fußmarsch vom Strand entfernt in Richtung Nordosten, und wir sollen unbedingt die Einheimischen mitnehmen, um uns nicht im Urwald zu verirren. Wenn wir zurück sind, will uns Fernandez die Geschichte vom Goldschatz erzählen. Von der Höhle weiß er zu berichten, daß sie ursprünglich von Indianern bewohnt war. Als die Spanier im 16. Jahrhundert begannen, die Indianer auf dem kubanischen Festland auszurotten, retteten sich die letzten Ureinwohner in solche Verstecke in unzugänglichen Gegenden. Zu dieser Zeit fanden dann auch die Piraten bei den Indianern Unterschlupf. Denn beide hatten einen gemeinsamen Feind: die Spanier.

Wie eng und freundschaftlich die Beziehungen der Indianer zu den englischen, französischen und holländischen Freibeutern waren, erfahren wir sehr anschaulich aus den Niederschriften des holländischen Piraten Exquemelin. Er lebte sechs Jahre in dieser Region als Pirat, ehe er 1678 in Amsterdam seine Erinnerungen veröffentlichte. Weil es der einzige authentische Bericht über das Zusammenleben der Räuber mit den karibischen Ureinwohnern ist, will ich an dieser Stelle den Augenzeugen zitieren:

„Die Räuber leben dort mit den Indianern in so gutem Einvernehmen, daß sie

bei ihnen wohnen können, und die Indianer geben ihnen für alte Messer, Beile usw. alles, was sie brauchen. Auch eine Frau bekommt man für ein altes Beil oder Messer; diese bleibt bei dem Räuber, solange er da ist; kommt er dann nach drei oder vier Jahren wieder, so kehrt sie zu ihm zurück. Diese Frauen versorgen die Räuber dann mit ihrem täglichen Bedarf, die Männer brauchen überhaupt nichts zu arbeiten, als ein wenig zu jagen und zu fischen. Für alle Arbeiten sind Indianer da. Sie gehen auch mit den Räubern für drei oder vier Jahre auf See und lernen Französisch oder Englisch; umgekehrt können viele Räuber Indianisch sprechen. Auf dem Meer machen sich die Indianer als Harpuniere nützlich; ein Indianer kann an einem guten Fischplatz ein Schiff mit hundert Mann mit Manatis [indianische Bezeichnung für Rundschwanzseekühe] versorgen. Als wir an Land gingen, begrüßten uns die Indianer mit Früchten und fragten, ob nicht Bekannte von ihnen bei uns wären. Da waren wirklich zwei Leute, die lange dort gewohnt hatten und ihre Sprache kannten.

Diese Indianer haben eine republikanische Verfassung. Sie leben ohne Oberhaupt, haben auch keine Beziehung zu den Nachbarstämmen. Ihre größten Feinde sind die Spanier."

Wie sehr die Piraten in das Familienleben der Indianer integriert waren, ja sogar bei kultischen Handlungen von den Einheimischen miteinbezogen wurden, erfahren wir an anderer Stelle:

„Die Zeremonien bei der Totenbestattung sind gleichfalls seltsam. Wenn ein Mann stirbt, muß ihn die Frau allein begraben. Sie gibt ihm alle seine Gürtel, Speere, sein Fischzeug und Geschmeide mit und muß täglich Speise und Trank an sein Grab bringen. Das geht ein ganzes Jahr lang. Nach einem Jahr gräbt die Frau die Gebeine ihres Mannes aus, wäscht sie und läßt sie in der Sonne trocknen. Wenn sie trocken sind, wickelt sie sie in einen Gürtel und trägt sie wieder ein Jahr lang auf ihrem Rücken. Sie muß damit schlafen und arbeiten. Erst nach Ablauf von zwei Jahren darf sie wieder heiraten. Sie hängt dann die Gebeine ihres Mannes am Giebel ihrer Hütte auf; oder an der Hütte ihrer besten Freunde, wenn sie selbst keine Hütte besitzt. Die Gebeine der Sklaven werden nicht auf dem Rücken getragen, aber man bringt auch zu ihrem Grab Speisen. Der Mann trägt nicht die Gebeine der Frau. Wenn ein Pirat stirbt, der mit einer Indianerin verheiratet war, wird sein Leichnam so behandelt, als sei er ein Indianer gewesen."

Es ist zehn Uhr, als wir zu der Höhle aufbrechen, in der vor Jahrhunderten die Indianer mit den Piraten in Eintracht lebten. Der Weg führt in den Urwald, der jedoch nicht wie erwartet morastig ist, sondern einen festen Untergrund aus korallenartigem Gestein hat. Diese Steine haben überhaupt keine gerade Oberfläche, sondern bestehen aus scharfkantigen Spitzen, die stellenweise wie Speere nach oben stehen. Es läßt sich darauf selbst mit festem Schuhwerk nur mühsam laufen. Die messerscharfen Überreste eines früheren Meeresbodens bestehen aus einem löchrigen und porösen Material, das zuweilen beim Darauftreten wegbricht. In diesem Kalkgestein leben Tausende von roten Krabben. Sie sind etwa faustgroß und fliehen merkwürdigerweise nicht vor uns. Wir müssen aufpassen, um nicht auf die Tiere zu treten. Unsere Führer meinen, das sei eine spezielle Krabbenart, die nicht schmecken würde. Deshalb fliehen die Tiere nicht vor den Menschen. Ihre größten Feinde seien die Geier. Und wenn einmal eine Horde Krabben eine Lichtung überquert, wo sie von den Vögeln gesehen wird, dann feiern die Geier dort ein Schlachtfest.

Der Wald besteht aus einem strauchartigen Gestrüpp, das eine Höhe von etwa acht Metern erreicht. Es ähnelt der Mittelmeervegetation, Hartlaubgewächse der Tropen sieht man selten. Dieser Wald schließt sich über uns wie ein grünes Dach, durch das kaum ein Strahl Sonne dringen kann. Trotzdem lasten Hitze und die außergewöhnlich hohe Luftfeuchtigkeit auf uns. Der Schweiß rinnt wie Wasser. Vor allem unser Fernsehteam hat zu leiden, denn eine 16-mm-Filmkamera mit Zubehör ist schon unter normalen Bedingungen ein schwerer Ballast.

Gelegentlich sehen wir eine dicke Zeder, die sich weit über die anderen Bäume erhebt. Unsere beiden einheimischen Führer erklären, daß daraus früher die Indios ihre Kanus bauten. Später haben die Seeräuber viele Zedern gefällt, da sich das Holz hervorragend zum Reparieren des Unterwasserbereichs eignete. Weil so viele Zedern, vor allem in der Nähe der Küste, geschlagen wurden, bestehe der Urwald jetzt zu weiten Flächen nur noch aus niederem Unterholz.

Nach einer halben Stunde sind wir im tiefen Urwald. Hier gibt es keinen Weg mehr. Anhand einiger roter Bänder, die die Einheimischen an bestimmte Bäume gebunden haben, finden sie sich zurecht. Sie erzählen, daß die Höhle erst 1993 wiederentdeckt worden sei. Man wußte zwar aus Überlieferungen, daß hier im Urwald die Höhle Guanahacabibes sein müsse, und daß dorthin früher die Piraten flüchteten, doch

In der verwunschenen Piratenhöhle Guanahacabibes (oben) bekommen wir eine Würgeschlange vor die Kamera.

niemand kannte mehr die genaue Lage. Erst bei forstwirtschaftlichen Untersuchungen im Urwald sei man zufällig wieder auf sie gestoßen. Nach einer Stunde sind wir am Ziel. Vor uns liegt ein fast kreisförmiges Loch mit einem Durchmesser von etwa zwölf Metern. Unten, auf einer Tiefe von etwa vier Metern, gibt es so etwas wie eine zweite Ebene, auf der sogar Bäume wachsen. Die zwei Kubaner helfen uns, an der felsigen Wand hinabzuklettern. Unten angekommen, sind wir vom Eindruck überwältigt. Es ist eine Piratenhöhle, wie man sie schöner in keinem Bilderbuch finden kann. Man kann auf der unteren Etage ewig weit durch etwa mannshohe Gänge gehen und hat hinter jeder Biegung eine neue Aussicht. Angenehm ist, daß man nie weite Strecken durch dunkles Gestein laufen muß, sondern nach wenigen Metern immer wieder lichtdurchflutete Durchbrüche zum Urwald hat.

700 Meter lang ist das unterirdische Labyrinth, dann gelangt man an einen See mit kaltem Süßwasser. Allein dieser See soll 240 Meter lang sein. Die Höhle ist ein ausgezeichnetes Versteck, gerade für Europäer, die Probleme mit dem Klima bekommen können. Hier unten ist man geschützt vor der brennenden Sonne, und es gibt sogar kostbares Trinkwasser. Als Nahrung soll es hier jede Menge Leguane geben, die wir aber nicht zu sehen bekommen. Nur eine etwa anderthalb Meter lange und armdicke Würgeschlange entdecken wir. Doch die ist harmlos und flüchtet schneller vor uns als wir vor ihr.

Ich frage unsere Führer, welche Spuren ehemaliger Bewohner hier eventuell noch zu finden seien. Sie zeigen mir eine große Feuerstelle und an einer Felswand eine Art steinernen Mörser mit Stößel, in dem wahrscheinlich Nahrungsmittel zerkleinert wurden. Mehr habe man von den Bewohnern nicht gefunden. Da die Höhle erst vor kurzem wiederentdeckt worden ist, hat noch niemand archäologische Grabungen unternommen. Da sehr wohl bekannt ist, daß hier Indianer und Piraten ihr gemeinsames Versteck hatten, geht man davon aus, daß noch manches zu finden sein wird – möglicherweise in der Erde, vielleicht auch in dem unterirdischen See.

Ich denke bei mir, daß dies ein einzigartiges Spielfeld für Archäologen und Schatzsucher sein könnte. Vielleicht ist es aber ganz gut, daß diese Höhle am Ende der Welt liegt, so ist sie doch vor eventueller Plünderung oder touristischer Vermarktung geschützt.

Am frühen Nachmittag sind wir zurück an der Küste und treffen uns mit dem Nationalparkchef Fernandez an der Lagune des kochenden Wassers. Die LOUISETTE liegt an der gleichen Stelle vor Anker. Doch zu unserem Erstaunen ist in der Lagune auch ein kleines Küstenwachboot eingetroffen. Ein Offizier der landseitigen Truppen unterhält sich mit dem Bootsführer.

„Wollen wir wetten", sagt Rüdiger, „daß die hier nicht liegen, um Trinkwasser aus der Lagune zu schöpfen?" Doch die Militärs nehmen von uns scheinbar keine Notiz – glauben wir zumindest.

Die zahnlosen Mädchen von La Bajada sind wiedergekommen, und Stephan unterhält sich mit ihnen über stomatologische Probleme. Wir setzen uns mit Fernandez an den Strand, und er erzählt uns nun die Geschichte von dem sagenhaften Schatz:

„Es ist nicht nur eine Legende, daß hier, im äußersten Westen der Provinz Pinar del Rio, einer der größten Goldschätze aus der Zeit der Spanier liegen soll. Da die früheren Herren auf Kuba jeden Vorgang sehr gründlich untersucht und aufgeschrieben haben, wissen wir heute recht viel über diesen Schatz. Es ist der berühmte Goldschatz aus der Kathedrale von Merida in Yucatán. Weil es auf der mexikanischen Halbinsel Yucatán, die nur knapp 120 Seemeilen von hier entfernt liegt, in den ersten Jahren des 18. Jahrhunderts politisch sehr unruhig wurde, sollte der berühmte Schatz von Merida nach Havanna gebracht werden. Havanna war damals die sicherste spanische Festung in Amerika. Der Schatz bestand aus 640 Pfund Goldbarren, 20 Krügen voller Goldmünzen, unzähligen wertvollen Kandelabern und der „Jungfrauenkrone" aus Gold und Edelsteinen. Würde man nur für das Gold den heutigen Marktpreis nach dem Gewicht beziffern, dann käme man auf einen Metall-Preis von fast acht Millionen Dollar. Dabei ist der künstlerische Wert der sakralen Gegenstände noch nicht mitgerechnet.

Da niemand etwas von dem Transport erfahren durfte, wurde das Schiff nachts und unter strengen Sicherheitsmaßnahmen beladen. Man hatte für die außergewöhnliche Mission die Galeone PRINCESA DE TOLEDO ausgewählt. Das Schiff war groß, robust und seetüchtig und mit 24 Kanonen bestückt. Man setzte ganz und gar auf Geheimhaltung, denn ein solcher Transport, selbst wenn er von der Marine eskortiert worden wäre, hätte alle Seeräuberflotten der Umgebung angelockt.

Schon vor Sonnenaufgang legte das schwerbeladene Frachtschiff in Yucatán ab, setzte die Segel und steuerte in Richtung Osten. Der Wind wehte aus Nordwest, das Goldschiff erreichte kurz nach Sonnenaufgang das Cabo Catoche, die östlichste Spitze Mexikos, die weit in die Straße von Yucatán in Richtung Kuba zeigt. Die PRINCESA DE TOLEDO überquerte ohne besondere Vorkommnisse die Meerenge zwischen Mexiko und Kuba und erreichte am Abend wie vorgesehen das Kap San Antonio. Der ursprüngliche Plan, das aus mehreren Gründen gefürchtete Kap gleich an Steuerbord liegen zu lassen und durchzusegeln bis nach Havanna, ließ sich aus meteorologischen Gründen nicht verwirklichen. Der Wind hatte mehr auf Nord gedreht, so daß die schwerfällige Galeone den Kurs nicht halten konnte, ohne in eine gefährliche Legerwallsituation zu kommen. Der Kapitän entschied, in die Bahía de Corrientes einzulaufen, um dort solange abzuwarten, bis der Wind günstiger stünde.

Doch als der streng geheime Goldtransport im Abendlicht die Bahía ansteuerte, kamen ihm von allen Seiten kleine englische Schiffe entgegen. Der spanische Kapitän wußte sofort, was die Stunde geschlagen hatte. Es war aussichtslos, mit dieser Ladung lebend nach Havanna zu kommen. In seiner schwierigen Lage hatte er mit der schwerbeladenen Galeone nur eine Chance, wenn er vor dem Winde ablief. Mit der gierigen englischen Meute im Kielwasser rundete er bei Einbruch der Dunkelheit das Kap Corrientes und steuerte ohne Positionslicht dicht an der Küste entlang in Richtung Cabo Francés. Im Schutz der Nacht konnte der Spanier seine Verfolger abschütteln, fürchtete jedoch, daß er sie nach Sonnenaufgang wieder an den Hacken haben würde.

Um die Ladung zu retten und gleichzeitig das Schiff zu leichtern, ging der spanische Kapitän im Schutz der Nacht bei dem kleinen Dorf La Furnia vor Anker. Der genaue Ankerplatz war damals unter dem Namen „Riito" bekannt. Dort ließ er in Eile die Ladung der Galeone vergraben. Die jetzt schnell segelnde PRINCESA DE TOLEDO verschwand noch in der Nacht von der Küste, erreichte die offene See und wenige Tage später das sichere Havanna. Die Spanier schickten Expeditionen aus, um nach der am Ufer deponierten Goldladung zu suchen. Doch so sehr sie auch suchten, der kostbare Goldschatz von Yucatán war verschwunden.

Bis heute unerforscht: der unterirdische See in der Piratenhöhle.

Die Vermutung liegt nahe, daß die Piraten, die diesen Küstenabschnitt als ihr Eigentum betrachteten, Spuren entdeckten und den eilig vergrabenen Schatz ausbuddelten, um ihn unweit von hier an sicherer Stelle wieder zu vergraben. Das ist die Geschichte vom Goldschatz. Man hat ihn bis heute nicht gefunden."

„Kann es sein", frage ich Fernandez, „daß die Räuber den Schatz oder Teile davon in der Höhle von Guanahacabibes versteckt haben?"

Der Wissenschaftler schmunzelt: „Möglich ist alles, aber keiner weiß das. Sie haben die Höhle gesehen, sie ist riesengroß, und allein der unterirdische See ist 240 Meter lang. Wo wollen Sie anfangen zu suchen? Bis heute gab es noch keine Untersuchungen. Wir haben die Höhle erst vor kurzem wiederentdeckt."

„Und warum wollten Sie die Geschichte vom Schatz erst erzählen, wenn wir aus der Höhle zurück sind?"

„Hätte ich die Geschichte vorher erzählt, wären Sie von der Gier nach dem Gold vielleicht so blind gewesen, daß Sie vielleicht nicht bemerkt hätten, wie märchenhaft schön diese Höhle ist."

Zu den Cayos de San Felipe

Wir wollen heute unseren Ankerplatz in der Bahía de Corrientes verlassen und weiter nach Osten in Richtung der Schatzinseln der Piraten segeln. Als „Isla de Tesora" (deutsch: Schatzinsel) wird zwar nur die Hauptinsel Isla de Pinos bezeichnet, doch sowohl westlich als auch östlich davon gibt es jede Menge kleiner Inseln, die in enger Beziehung zur Isla de Pinos und den dort lebenden Piraten standen. Insofern wird die Bezeichnung Schatzinsel oft auch im Plural verwendet.

Inzwischen haben wir ein traumhaft sonniges Märzwetter, und es ist schon am Vormittag so heiß, daß man zur Abkühlung in das 27 Grad warme Wasser des Karibischen Meeres springen muß. Wir liegen noch immer in der hintersten Stelle der Bucht Corrientes in Sichtweite zur Lagune des kochenden Wassers, wo sich gleich die wenigen Häuser des Dorfes La Bajada anschließen. Die Bucht mit ihren Korallen- und Sandstränden, den Kokospalmen und dem dahinter liegenden Urwald vermittelt einen Eindruck ungestörter Idylle. Nur die kleine kubanische Küstenwachstation mit dem Aussichtsturm stört ein wenig das Panorama.

Wir wollen von hier aus an der Südküste der Zuckerrohrinsel entlangsegeln, vorbei an Cabo Corrientes und Cabo Francés, zwischen denen der sagenhafte Goldschatz von Merida verlorenging. Unser Ziel ist die Isla de Pinos. Etwa auf halbem Wege liegt die Inselgruppe Cayos de San Felipe. Ich möchte an der Stelle erwähnen, daß der spanische Begriff „Cayo" immer dann verwendet wird, wenn die Insel zu klein ist, um die Bezeichnung „Isla" zu rechtfertigen. Ein Cayo ist meist nicht viel mehr als eine Schaufel Sand im Meer mit einer Palme darauf. Die meisten Cayos haben einem traumhaften Sandstrand auf der Luvseite und wilde Mangrovenwälder in Lee.

Rund um Kuba, vor allem auf der karibischen Seite im Süden, gibt es tausende dieser Cayos. Es ist nahezu unmöglich, diese Inselchen zu zählen, darum steht in manchen Büchern die Zahl 2 000, in anderen berichtet man von 6 000 Cayos rund um Kuba. Vermutlich hängt es davon ab, ab welcher Größe eine Schaufel Sand als Cayo in die Statistik aufgenommen wird. Die meisten Cayos sind heute unbewohnt. Im 16. Jahrhundert spielten sie eine wichtige Rolle für die Indianer.

Als die Spanier binnen weniger Jahrzehnte die Hauptinsel Kuba eroberten und die Ureinwohner brutal vernichteten, flohen die Indianer von den Küsten mit Kanus zu den vorgelagerten Cayos. Die Indianer fanden dort lange Zeit nicht nur Schutz, sondern auch eine neue Existenz, weil viele Inselgruppen mit den tiefgehenden Kriegsschiffen der Spanier einfach nicht erreichbar waren. Später waren die Cayos beliebte Verstecke für die Piraten, die, wie wir bereits wissen, mit den Indianern in gutem Einvernehmen lebten und unter ihnen auch ortskundige Lotsen für die Seeräuberschiffe fanden. Denn zwischen den Cayos und um die kleinen Inselgruppen herum begibt sich der Seefahrer in ein tückisches Fahrwasser voller Riffe und Untiefen.

Mit dem Aussterben der letzten freien Indianer und der Vernichtung der letzten Piratenflotten in der Mitte des 19. Jahrhunderts ist es auf den kleinen Inselchen wieder still geworden. Die primitiven Hütten von einst sind verfallen, und die meisten Cayos sind heute menschenleer.

Wir wollen die Inselgruppe Cayos de San Felipe ansteuern, weil uns darüber ein interessanter Bericht aus dem 16. Jahrhundert vorliegt. Doch vor dem Ablegen wollen wir das traumhafte Morgenlicht für einige Aufnahmen vom idyllischen Küstenort La Bajada nutzen. Und schließlich will Stephan eine Spende aus Medikamenten und einigen Dollars für den nächsten erreichbaren Zahnarzt übergeben, damit die schönen, aber zahnlosen jungen Mädchen von La Bajada wieder lächeln können.

Ich fahre mit Mischa und dem TV-Team im Gummiboot an Land, während Daniel und Susann den Schoner seeklar machen. Wir steuern in die Lagune des kochenden Wassers und gehen dort an Land. Zu unserer Überraschung werden wir dort schon erwartet. Neben mehreren Soldaten, die wir vom Ansehen bereits kennen, steht ein Offizier, klein von Wuchs und vielleicht 55 Jahre alt. Der Mann sagt, wir dürften nicht weitersegeln.

Kubanische Küstenwache in der Lagune des kochenden Wassers.

Der Militär sieht unsere fassungslosen Gesichter und gibt eine kurze
Erklärung. Wir hätten hier gefilmt, ohne daß er offiziell informiert
worden wäre. Es läge ihm keine schriftliche Erlaubnis vor, daß wir dies
dürften. Punkt.

Mischa flucht auf deutsch, so daß er glücklicherweise von dem Militär
nicht verstanden wird. Er erklärt, wir hätten in Kuba ausgestellte Pres-
seausweise, dazu die Arbeitsgenehmigungen und das Schreiben vom
Tourismusministerium. Der Militär sagt kurz, er wolle Dokumente sehen. Basta!

Sicherheitshalber läßt der Offizier von seinen Soldaten schon einmal
unsere Pässe einsammeln. Mischa sagt, er werde die Papiere holen und
steigt ins Beiboot. In der Zwischenzeit versucht Stephan, der sehr viel
von der Mentalität der Mittelamerikaner versteht und die Sprache perfekt spricht, mit viel Fingerspitzengefühl auf den Mann einzureden.
Doch der Offizier bleibt eiskalt, und er demonstriert das durch Körper-
haltung und Gesichtsausdruck.

Mischa kommt mit der inzwischen dicken Mappe von Papieren zurück.

Der Offizier blättert alles nur flüchtig und von vornherein mit einer ablehnenden Haltung durch. Schließlich sagt er, das sei für ihn alles bedeutungslos. Er verlangt, wir sollten ihm eine schriftliche Genehmigung von jener Abteilung des Innenministeriums bringen, die für den Küstenschutz im Westen Kubas zuständig sei. Wie der zuständige Mann im Ministerium heiße, wisse er natürlich nicht, aber wir sollten von ihm ein Papier mit Unterschrift und Stempel bringen.

Solange wir das Dokument nicht vorlegen können, dürfen wir nicht weiter. Den Ort La Bajada dürfen wir ab sofort nicht mehr verlassen. Es sei denn, wir würden ihm alles Filmmaterial komplett übergeben. Er sagt das mit streng militärischer Haltung und wippt dabei leicht auf den Zehenspitzen, wodurch der vom Wuchs her kleine Offizier nicht mehr ganz so klein zu erscheinen versucht.

Das ist der tiefste Schlag nach all dem Ärger mit den Behörden in Havanna. Mischa sagt, es sei aussichtslos, so ein Papier zu bekommen. Es gäbe hier weder ein funktionierendes Telefon, noch ein Fax, sondern nur einen schwachen Kurzwellensender mit einer entsprechend schlechten Übertragungsqualität, der in Notfällen eingesetzt wird. Es sei völlig illusorisch, über eine solche Verbindung zu versuchen, das Problem zu lösen. Selbst, wenn jemand persönlich nach Havanna fahren würde, bräuchte er mindestens drei Tage, um im Ministerium den entsprechenden Ansprechpartner zu finden und ihm das Problem verständlich zu machen. Und jener müßte sich erst wieder bei seinen übergeordneten Genossen rückversichern. Ob sich dann jemand fände, der ein Papier aufsetzt, stehe dabei völlig in den Sternen. Und ob der kleine Offizier hier dieses Papier dann auch akzeptiert oder ob möglicherweise noch ein exotischer Stempel fehlt, das wissen wir alles nicht.

Rüdiger verteilt an die umstehenden Soldaten amerikanische Zigaretten, die diese dankend annehmen und genüßlich rauchen. Nur der Offizier mit der eiskalten Mine lehnt ab. Der Kameramann sagt dann schließlich: „Jungs, ich glaube, das war's wohl. Wenn hier nicht ein Wunder geschieht, können wir den Film wohl abhaken. Laßt uns zumindest versuchen, über einen Funkkontakt die Botschaft zu informieren, daß uns der Typ wenigstens nach Hause fahren läßt."

Ich gucke Mischa an, der sich in Kuba am besten auskennt, doch von ihm kommt nur die Antwort: „Bodo, ich verstehe das auch nicht mehr. Ich kann nicht mehr, und ich habe keine Ahnung, wie wir hier wieder rauskommen. Daß wir hier nicht weiterkommen, hat in diesem Moment zwar damit zu tun, daß wir Ausländer sind und der kleine Häuptling sich übergangen fühlt, ähnliche Situationen erlebst du jedoch, wenn du in Kuba wohnst, tagtäglich. Es gibt viele sinnvolle Ideen, um die Situation im Land zu verbessern. Doch die meisten scheitern in irgendwelchen Amtsstuben. Und wenn Ausländer dabei mitmischen, auch wenn sie mit den allerbesten Absichten hergekommen sind, dann ist es aufgrund von Vorurteilen und Mißtrauen besonders schwierig, nützliche Projekte für das Land umzusetzen."

Da lebt ein kleiner Offizier am letzten Zipfel von Kuba und genießt es, die Gringos aus Europa auflaufen zu lassen. Das ist eine Situation, wie ich sie in kommunistischen Ländern etliche Male erlebt habe. Wo es kein Problem gibt, da wird eines gemacht. Es kostet alle Beteiligten stunden- oder tagelang sämtliche Energie und Zeit. Mit dieser Energie und Zeit könnte man so viel Nützliches machen. Aber nichts da. Der kleine Mann mit den großen Schulterstücken hat endlich ein Problem geschaffen, und er ist der wichtigste Mann in dem von ihm erfundenen Spiel.

Vom Alter her könnte er vor 35 Jahren mit Ernesto Che Guevara und Fidel Castro gekämpft haben. Genauso wie die altehrwürdigen Genossen, die uns in Havanna die Steine in den Weg legten. Wir sind weder Seeräuber noch nordamerikanische Spione, sondern wollen eine Reportage produzieren, die diesem Land und seinem Tourismus sehr förderlich sein könnte. Doch die alten Genossen wehren sich gegen alles, was sie nicht kennen. Aus den jungen Freiheitskämpfern von einst sind die alten Parteibürokraten von heute geworden.

Ich gehöre einer Generation an, die sich die Poster von Che Guevara ins Zimmer gehängt hat. Wir bewunderten den Mut der Kubaner, sich frei zu machen von fremder Ausbeutung und Rassismus und sympathisierten mit den Zigarre rauchenden Dschungelkämpfern. Doch wenn heute das kommunistische Experiment in der Karibik scheitert, dann nicht wegen der nordamerikanischen Blockade, sondern wegen einer Bürokratisierung, die jeder Erneuerung im Wege steht.

Während die Sonne scheint und uns die Zeit wie karibischer Sand durch die Finger rinnt, kommen wir keinen Schritt voran. Wiel, der gemeinsam mit Per eine große Verantwortung für den Film übernommen hat, läßt sich so schnell nicht abwimmeln, sondern ist, wie ich ihn stets erlebt habe, ein Paket von Energie und Zuversicht: „Der Mann ist von uns übergangen worden, wir sind schuld, daß wir ihn nicht gefragt haben, also müssen wir jetzt sein Vertrauen wiedergewinnen. Ich schlage vor, daß wir ihm das belichtete Filmmaterial komplett hierlassen. Und ich bin mir sicher, daß wir es ohne Schaden auch irgendwann zurückbekommen."

Ich merke, wie Per, der ein ganz anderer Typ ist, vor Wut fast zerplatzt: „Alles Material hierlassen? Bist du wahnsinnig? Das kriegen wir nie wieder! Ich fahre doch nicht weiter, investiere noch mehr in das Projekt und komme am Ende mit einem halben Film zurück!" Und in lautem Ton und mit wilder Gestik, die Wut und Enttäuschung zum Ausdruck bringt, proklamiert er: „Ich erkläre jetzt das Projekt für gescheitert und schmeiße die Filmdosen ins Wasser. Das war's dann eben."

Der kubanische Offizier, der das genau beobachtet, fragt Stephan, was sich hier abspiele. Stephan übersetzt ihm den Inhalt im Ton eines Predigers, der vor einer Trauergemeinde spricht. Unser Amigo Filmproduzent sei jetzt kaputt, konkurs, ein armer Mann, der viel Geld verloren habe. In Deutschland warteten die Kinder auf ihn, doch er komme mit leeren Händen und vielen Schulden zurück.

Während der Offizier das hört, löst sich die Versteinerung aus seinem Gesicht, und ich habe den Eindruck, daß er langsam versteht, was er hier anrichtet. Wortlos zieht er sich in seinen Bungalow zurück, über dem der kleine Beobachtungsturm steht. Die Soldaten bleiben in unserer Nähe und zucken ratlos mit den Schultern. Zwei Minuten später kommt der Offizier in forschem Schritt zurück und verkündet: „Ich habe jetzt alles für Sie geregelt, Sie können weiterfahren, mit dem Filmmaterial. Adiós und gute Reise!"

Dankbar, aber dem Frieden noch nicht ganz trauend, schütteln wir ihm und seinen Soldaten die Hände und ziehen uns zurück in Richtung Boot. Die Aufnahmen in La Bajada streichen wir aus Sicherheitsgründen ganz. Nur Stephan übergibt noch schnell den Mädchen von La Bajada einen großen Plastiksack voller Medikamente und etwas Geld. Dafür müssen sie ihm versprechen, innerhalb eines Jahres ihre Zähne

„Der Fisch war mindestens soo groß..."

in Ordnung bringen zu lassen. Stephan würde auf jeden Fall wiederkommen und dies kontrollieren.
Wir sehen zu, daß wir schnell wegkommen, bevor es sich noch jemand
anders überlegt. Die Marinesoldaten, die mit ihrem Wachboot neben
unserem Dingi in der Lagune des kochenden Wassers liegen, helfen
uns beim Einladen der Ausrüstung und sind sehr nett. Sie wollen wissen, wohin wir segeln. Wir sagen: nach Isla de Pinos, so wie wir es vorhaben. Auch von ihnen verabschieden wir uns mit Händedruck und
setzen endlich über zur LOUISETTE. Es ist Mittag geworden, und wir
haben mal wieder einen halben Tag sinnlos den kubanischen Genossen
geopfert. Daniel, der seit Stunden das Schiff klar hat, fragt besorgt:
„Alles gut?"
„Alles ist gut, Daniel", sagt Wiel im Ton der Erleichterung, „laß uns den
Anker lichten und zur Schatzinsel segeln."
Es wird ein Segeltag, wie wir ihn uns erträumten. Susann hat uns einen
großen Berg Salat aus Tomaten, Gurken und Kohl zubereitet. Wir essen
gleich alle Mann aus einer Schüssel. Da kein Brot mehr an Bord ist, gibt

Vom Meer geformt: Las grandes tetas de Maria la Gorda.

es oblatengroße runde kubanische Waffeln, die wie Knäckebrot schmecken. Dazu trinken wir französischen Wein. Daniel ist guter Dinge, will wie immer seinen Schoner selbst steuern und hüpft wieder wie ein Kind vor Freude von einem Bein aufs andere. Die anderen sind nach dem Erlebnis vom Vormittag doch ganz schön abgespannt und suchen sich jeder ein Plätzchen zum Hinlegen an Deck. Es herrscht Mittagslicht, und da kann man sowieso weder filmen noch fotografieren. Siesta.

Wir lassen den blendend weißen Strand von Maria la Gorda an Backbord liegen, ein wahrlich traumhafter Piratenstrand, wo Maria die Fette die Freibeuter einst mit käuflicher Liebe verwöhnte. Südlich abgegrenzt wird die Piratenbucht von einer kleinen Felsformation. Von See aus sehen die Felsen aus wie zwei große Brüste, die zum Meer hin zeigen. Unmißverständlich heißen diese prallen Formen seit der Seeräuberzeit bis zum heutige Tage „Las grandes tetas de Maria la Gorda".

Wir liegen an Deck, und das Schaukeln der LOUISETTE unter tropischer Sonne sowie der französische Wein wiegen uns in erholsamen Schlaf.

Erst am späten Nachmittag weckt uns Susann mit Kaffee. Ich merke, daß ich mir beim Schlafen einen handfesten Sonnenbrand gefangen habe. Cabo Corrientes und Cabo Francés liegen weit achteraus, und wir sehen an Backbord voraus die ersten Inseln der Gruppe Cayos de San Felipe. Daniel holt die Seekarte ins Cockpit und meint, in zwei Stunden ginge die Sonne unter, und er wolle nicht nachts die uns unbekannte Schatzinsel Isla de Pinos ansteuern. Sein Vorschlag sei, bei den Cayos de San Felipe vor Anker zu gehen.

Er findet allgemeine Zustimmung. So braucht niemand in der Nacht das Schiff durch ein nicht ganz einfaches Fahrwasser zu steuern. Außerdem bekommen wir so die Inselgruppe Cayos de San Felipe zu Gesicht, die in der Geschichte der spanischen Goldtransporte einmal eine besondere Rolle gespielt hat.

Vor allem die am weitesten westlich gelegenen Inseln, der Cayo Juan Garcia und der Cayo Real, sind durch außergewöhnliche Umstände in die Annalen der spanischen Chronisten eingegangen. Die Inselgruppe erhielt übrigens 1556 den Namen „Cayos de San Felipe" anläßlich der Krönung des spanischen Königs Felipe II.

Zwei Jahre zuvor soll hier das spanische Frachtschiff SANTA MARIA DE LA BEGONA gesunken sein. Die Galeone gehörte zu einer Flotte, die vom südamerikanischen Festland kam. Sie war mit Gold- und Silberbarren beladen, die wie damals üblich nach Havanna verschifft werden sollten. Der Kapitän der Galeone hieß Cosme Farfan, und der erste Offizier trug den Namen Juan Garcia. Aus heute nicht mehr bekannten Gründen verlor die Galeone in Höhe der Cayos den Anschluß an den Flottenverband. Das Schiff war nicht mehr manövrierfähig und trieb auf die Inselgruppe zu. Die Ursache dafür könnte ein Sturm gewesen sein, der das Schiff in eine Legerwallsituation brachte. Möglicherweise war die Galeone aber auch durch einen Navigationsfehler gestrandet.

Als die MARIA DE LA BEGONA im Jahre 1554 mit voller Ladung an Edelmetallen in die Cayos trieb, war die Inselgruppe den Spaniern noch unbekannt. Die Galeone strandete in der schmalen Passage zwischen dem westlich gelegenen Cayo Juan Garcia und dem sich nach Osten anschließenden Cayo Real. Dabei ging das Schiff völlig zu Bruch. Kapitän Farfan schickte seinen ersten Offizier Juan Garcia mit dem Beiboot und einigen Matrosen zur westlich gelegenen Insel, um zu erkunden, ob man dort überleben könne. Doch Garcia kam mit der Nachricht zurück, daß die Insel so klein sei, daß eine Mannschaft dort keine Chance habe, und es gäbe weder Wasser noch Tiere, die man jagen könne. Aufgrund dieser Erkundungsreise erhielt der Cayo den Namen des ersten Offiziers Juan Garcia.

Das Lager wurde dann auf der benachbarten Insel aufgeschlagen. Diese bot ausreichend Lebensraum für die ganze Besatzung, es gab Trinkwasser sowie Leguane, Krokodile und Schildkröten, von denen man sich ernähren konnte. Die Gestrandeten errichteten ein Camp, um die Verletzten zu pflegen. Aus Teilen des Wracks bauten sie Hütten. Schließlich bargen sie einen Teil des Silbers und Goldes und vergruben es auf dem Cayo, damit es nicht in die Hände von Freibeutern geriet, die das Wrack am Strand sehen könnten. Es war bei den Spaniern üblich, vorläufig errichtete Lager, die zur Rettung der Ladung gestrandeter Schiffe dienten, als „Reales" zu bezeichnen. So erhielt der Cayo, auf dem die Schiffbrüchigen das Gold vergruben, den Namen Cayo Real. Nachdem die Verletzten der SANTA MARIA DE LA BEGONA entweder genesen oder verstorben waren, baute die Mannschaft aus Wrackteilen Flöße, wartete eine günstige Witterung ab und segelte damit nach Norden in Richtung Festland. In der Nähe der Bucht La Goloma erreichten die Schiffbrüchigen das kubanische Festland. Als ein halbes Jahr nach dem Schiffsverlust die Mannschaft in Havanna eintraf, hatte niemand mehr mit ihr gerechnet. Dementsprechend war das Interesse nur gering, in einer unbekannten Inselgruppe, in der es noch dazu von Piraten wimmelte, nach der verschollenen Ladung zu suchen.

Um nicht noch ein Schiff zu riskieren und weil das Edelmetall vom mittelamerikanischen Festland faktisch nur abgeholt zu werden brauchte, verzichtete die spanische Krone schließlich ganz darauf, eine teure Expedition zu den Cayos de San Felipe auszusenden. Die verlorene Ladung der Galeone SANTA MARIA DE LA BEGONA geriet in Vergessenheit.

Erst zu Beginn des 17. Jahrhunderts, als die Goldquellen in Mittelamerika nicht mehr ganz so heftig sprudelten, erinnerten sich die Spanier dieser Schiffskatastrophe und schickten eine Expedition zu den Cayos de San Felipe, um das dort gelagerte Gold abzuholen. Doch von den Schiffbrüchigen der SANTA MARIA DE LA BEGONA war niemand mehr

Rüdigers Kamera-Akrobatik am Busen der LOUISETTE.

am Leben, den man hätte mitnehmen können. Die Expedition konnte
nur anhand alter Skizzen und Ortsbeschreibungen suchen. Wind und
See hatten jedoch die Form der Insel so sehr verändert, daß man das
versteckte Gold nie wiederfand.

Mit modernen Seekarten, Echolot und einem Schiffsdiesel, der sich
per Hebel schnell von Vorwärts- auf Rückwärtsfahrt umstellen läßt,
wäre es heute weit weniger riskant, in die schmale Passage zwischen
Cayo Juan Garcia und Cayo Real einzulaufen. Doch Daniel ist ein Skipper, der nichts von Experimenten hält. Acht Jahre lang hat er seinen
Schoner mühsam selbst gebaut. Er lehnt es ab, das Schiff zwischen die
Cayos zu manövrieren und ankert deshalb noch vor der Einfahrt durch
das Riff. Das Wetter ist ruhig, und hier kann nichts passieren. Wir hätten es uns anders gewünscht, um schneller an Land zu kommen. Da die
meisten von uns ein Patent als Sportskipper besitzen, verstehen und
respektieren wir aber Daniels Entscheidung.

Durch das Fernglas inspizieren wir den Cayo Real, wo eine Palmen-
gruppe zu sehen ist, viel niederes Gestrüpp und in der Nähe vom Ufer

die Reste einer verfallenen Hütte. Es sind mindestens anderthalb Meilen bis zu dieser besonderen Mini-Insel, auf der vor 442 Jahren eine ganze Schiffsladung Edelmetall in den Sand gesetzt und nie wieder gefunden wurde. Irgendwie reizt es uns doch, hinzukommen.

Per, Rüdiger, Stephan und ich machen das Beiboot klar. Wir reißen den Motor an und tuckern mit dem wabbeligen Gummischnuller, aus dem man inzwischen die Luft zischen hört, in Richtung Cayo Real. Um abzukürzen, wollen wir gleich schräg über das Riff fahren, anstatt den Umweg über die Einfahrt zu nehmen. Es ist windstill, und wir können den Motor anheben und das Boot darüber hinweg schieben.

Doch wir kommen nur bis zum Riff. Wenige Meter davor gibt der Außenborder seinen Geist auf. Per macht seinem Unmut Luft, sich auf ein solches Dingi eingelassen zu haben. Aber wir hatten in Havanna etliche andere Probleme, und als das Schiff endlich losfuhr, waren wir froh, und niemand dachte daran, den Zustand des Beibootes zu checken. Ich ziehe meine Schuhe an, damit ich mich an den spitzen Korallen nicht verletze, und springe ins Wasser. Unmittelbar an der Kante des Riffs finde ich Halt unter den Füßen und drehe das Boot mit dem Heck zu mir. Ich nehme die Motorhaube ab, kann jedoch nichts finden. Schließlich macht sich Per über den Motor her und bastelt an der Einstellung des Vergasers herum. Währenddessen pützt Stephan das Wasser aus dem Boot, und Rüdiger pumpt mit dem Blasebalg Luft in die maroden Schläuche. Es ist schon nach 18 Uhr, und die Sonne steht nicht mehr senkrecht über uns. Wir haben nicht einmal ein Drittel des Weges zum Cayo Real geschafft.

Schließlich gelingt Per, der selbst Wassersportler ist, das Wunder: Er kriegt den schrottreifen Außenborder zum Laufen und wird mit Applaus belohnt. Das Bootsinnere ist fast leergepützt, und die Schläuche sind wieder voll mit Luft. Wir wagen es dennoch nicht, zu später Stunde weiter bis zum Cayo Real zu fahren, so groß auch die Versuchung ist. Es ist noch eine gute Meile bis dorthin, und wenn wir dann das Dingi nicht wieder flottkriegen, müßten wir wie die Schiffbrüchigen von der SANTA MARIA DE LA BEGONA ein Lager unter freiem Himmel errichten. Niemand von uns hat Lust, auf einer unbewohnten Insel am Strand zu übernachten, wenn dort auch noch sehr wahrscheinlich Krokodile lauern.

Wir steuern unser schlaffes Gummiboot zurück zur LOUISETTE. Und wir sind heilfroh, so entschieden zu haben, denn kurz vor dem Ankerplatz des Schoners verreckt der Motor erneut und will sich partout nicht wieder anwerfen lassen. Froschmann Stephan springt ins Wasser und schleppt schwimmend das Dingi zur LOUISETTE.

Bis kurz vor ihrem Untergang brennt die tropische Sonne noch auf unsere Haut und läßt das karibische Paradies noch paradiesischer erscheinen. Kurzentschlossen unternehmen Stephan, Mischa und ich einen Tauchgang im Abendlicht. Wir gehen auf 12 Meter Tiefe und erleben unter Wasser eine märchenhafte Welt aus Korallentürmen, tiefen Schluchten voller Fische und seltsamen Lebewesen, wie man sie nur an der karibischen Küste Kubas entdeckt.

Die Piraten von Isla de Pinos

Wir verlassen am Vormittag den Ankerplatz vor den Cayos de San Felipe und segeln die restlichen 40 Seemeilen nach Südosten zur Isla de Pinos, auch genannt Isla de Tesora – die Schatzinsel. Diese im Südwesten Kubas und dicht an der Route der Galeonen gelegene Insel mißt etwa 50 Kilometer im Durchmesser. Wer sie von See ansteuert, sieht sie zuerst als Insel mit zwei Bergen. Es sind die kegelförmigen Gipfel der Sierra la Canada, die etwa in der Mitte von Isla de Pinos liegen. Sie erheben sich 309,98 bzw. 219,15 Meter und sind eine gute Navigationshilfe.

Der Norden der Insel mit dem Hafen Nueva Gerona war schon zu spanischer Zeit besiedelt worden. Die Leute lebten damals wie heute überwiegend von Ackerbau und Viehzucht. Die spanischen Siedler ließen im 16. Jahrhundert Rinder und Schweine durch Aussetzen verwildern. Das war eine Reserve für Notzeiten, die durch Krankheiten, Raub oder Belagerung auftreten konnten. Dann wurden die verwilderten Haustiere entweder eingefangen oder geschossen.

Die Spanier wandten diese Methode nicht nur in Kuba an, sondern in nahezu allen neuen Ländereien in Mittelamerika. Das Aussetzen von Haustieren in der Wildnis hatte auch damit etwas zu tun, daß nicht jeder Auswanderer von der Iberischen Halbinsel seine Zukunft darin sah, in der Neuen Welt mühsam als Landwirt zu arbeiten. Viel verlockender war die Aussicht, als Jäger mit der Büchse durch den Busch zu ziehen.

Und Busch gibt es auf Isla de Pinos mehr als genug. Die gesamte Südhälfte der Insel besteht aus einem urwaldartigen Feuchtgebiet, das mit dichtem Gebüsch überwuchert und in weiten Gebieten für Menschen undurchdringlich ist. So verbreiteten und vermehrten sich die verwilderten Haustiere mehr, als die Spanier hätten jagen können. Neben dem erwähnten Gebirgszug mit zwei Gipfeln in der Mitte von Isla de

Pinos gibt es im Südwesten, nahe der Bucht Siguanea, noch einen kleinen Höhenzug, der nur 90,53 Meter über dem Meeresspiegel erreicht, dessen Bewaldung jedoch der Insel den Namen gab. Auf diesen Hügeln wachsen kurioserweise Nadelbäume, und zwar Kiefern wie im Harz oder der Lüneburger Heide. Nur die hin und wieder im Wald aufschießenden Kokospalmen stören die Assoziation an heimatliche Gefilde.

Der Kiefernwald war es unter anderem, der die Insel für Freibeuter interessant machte. In der Karibik mußte man hölzerne Schiffe wegen der Bohrmuschel Toredo Navalis einmal im Jahr aus dem Wasser holen und reparieren. Da die Seeräuber keine Werft anlaufen konnten, brauchten sie eine geschützte Bucht mit seicht abfallendem Strand und vor allem festes Holz, das sich bearbeiten ließ. Denn weder Mangroven noch Palmen eignen sich für den Schiffbau.

Isla de Pinos bot beides: eine geschützte Bucht mit Sandstrand, an dem man die Schiffe auf die Seite legen konnte, und Nadelholz wie in Europa. Obendrein bot die Insel andere Vorzüge wie Verstecke im Urwald, in die man mit kleinen Schiffen hineinsegeln konnte, Süßwasserquellen, reichlich Nahrung und Höhlen dicht an der Küste. Und als Krönung aller Vorzüge lag sie dicht an der Route der Goldtransporte, deren Flottenbewegungen bei guter Sicht von den Bergen beobachtet werden konnten.

All das prädestinierte die Kieferninsel zum Piratentreffpunkt zwischen Kuba und dem Festland Mittelamerikas. Über Generationen hinweg traf sich hier die Prominenz des Freibeuter-Gewerbes, darunter legendäre Führer wie der Franzose Leclerc, der Holländer Agustin Jol, die Engländer Francis Drake, John Hawkins und Henry Morgan (unter Morgan diente u. a. Exquemelin) sowie die Franzosen Franquesnay, Latrobe und Lafitte. Namen, vor denen einmal die seefahrende Welt zitterte. Dies waren nur die prominentesten Kapitäne großer Flotten. Auf der Insel lebten noch viel mehr Räuber, deren Ruf jedoch nie bis zu den europäischen Königshäusern drang und die irgendwann mit oder ohne Beute wieder verschwanden.

Wie konnten sich große Flotten freier Abenteurer mit zeitweise über tausend Mann Besatzung rekrutieren? Was hielt die Gemeinschaften der Freibeuter zusammen? Vorab sei gesagt, daß die meisten Piraten aus europäischen Ländern mit absolutistischen Staatsformen kamen. Da gab es einen König und eine Rechtsprechung, doch der gemeine Mann hatte kaum Rechte, vor allem keine Möglichkeit einer demokratischen Mitbestimmung. Sein Einkommen betrug nur ein Bruchteil dessen, was ein hoher Beamter bei Hofe verdiente. Obendrein hatte der einfache Mann keine soziale Sicherheit bei Unfall, Krankheit oder im Alter. Die verschiedenen Formen sozialer Sicherung sowie demokratischer Mitbestimmung in der Politik wurden in Europa erst an der Schwelle zum 20. Jahrhundert eingeführt und brauchten lange genug, um sich als allgemeine Werte einer Gesellschaft durchzusetzen.

Die ersten Europäer, die Mitbestimmung als Grundrecht sowie gleiche soziale Absicherung für jeden einführten, waren die in der Karibik lebenden Freibeuter. Dies geschah in der Mitte des 16. Jahrhunderts, in einer Zeit also, zu der man in Europa noch Hexen auf dem Scheiterhaufen verbrannte.

Warum hatten die Räuber so großen Zulauf? In England waren die einfachen Matrosen im Vergleich zu einem Arbeiter an Land nicht so schlecht gestellt. Der Seemann erhielt etwas mehr als ein Pfund Sterling im Monat, der Arbeiter weniger als die Hälfte davon. Die Angehörigen beider Berufsgruppen waren insofern gleichgestellt, als daß ihr Einkommen derartig niedrig war, daß es nur zu einem kargen Leben voller Entbehrungen und einem Alter in Armut reichte. Von sozialer Absicherung bei Unfall oder Krankheit war nie die Rede. Und von einer Mitbestimmung in politischen Angelegenheiten – zum Beispiel der Wahl des Staatsoberhauptes – wagten nicht einmal die kühnsten Utopisten zu träumen.

Wer jedoch Reichtum und Macht in sich vereinte, konnte in England wie in anderen europäischen Ländern gut leben. Ein hoher Staatsbeamter, beispielsweise ein Gouverneur, bezog ein Jahresgehalt von 300 Pfund, die reichsten Londoner Großkaufleute oder Bankiers hatten sogar Einkommen bis zu 1000 Pfund Sterling im Jahr. Das war damals für den gemeinen Mann ein unvorstellbares Vermögen.

Doch zurück zu jenen aus der untersten Schicht der Gesellschaft: Im 16. Jahrhundert konnte der einfache Mann allein wegen des Stehlens eines Schillings gehängt werden. Auf Schiffen der Marine gab es für Matrosen bis auf wenige Ausnahmen nur eine Strafe: den Galgenknoten an der Rahnock. Unfreiheit, ein entbehrungsreiches Leben und die ständige Todesgefahr waren das Schicksal des Seemannes.

Der gleiche Galgenstrick und nicht viel mehr drohte aber, wenn man sich für ein Leben in Freiheit entschied, für schier grenzenlosen Reichtum, immer satt zu essen, schöne Frauen und stets eine Buddel mit Rum. Der legendäre Freibeuter-Kapitän Bartholomew Roberts faßte am prägnantesten die Ansichten der Piraten zusammen: „In einer ehrbaren Stellung gibt es karge Rationen, niedrige Löhne und harte Arbeit – in unserer dagegen Hülle und Fülle, Vergnügen und Sorglosigkeit, Freiheit und Macht. Wer würde da nicht das Haben auf dieser Seite verbuchen, wenn das einzige Risiko, das man dabei eingeht, schlimmstenfalls in einem bitteren Blick auf den Strick besteht. Nein, ein kurzes, aber fideles Leben sei mein Motto."

Wie fidel ein kurzes Piratenleben sein konnte, können wir uns heute kaum mehr vorstellen. In den goldenen Zeiten der Piraterie kehrten die Freibeuter manchmal mit einer Tagesbeute zurück, die sich pro Mann auf 1 500 bis 2 000 Pfund, in einem überlieferten Fall sogar auf 4 000 Pfund, belief. Mit einem erfolgreichen Streich erbeuteten sie also rund zehnmal soviel, wie ein höchster Staatsbeamter im ganzen Jahr verdiente. Bei derart astronomischen Reichtümern unter einfachen Seeleuten kann man sich vorstellen, in welchem Saus und Braus die Piraten in den Häfen, in welchen sie gern gesehen waren, ihre ausgelassenen Orgien feierten.

Wie beliebt die großen Piratenführer waren, und welche Anziehungskraft sie auf die freien Abenteurer der Karibik ausübten, lesen wir unter anderem in den Aufzeichnungen Exquemelins. Er diente damals unter dem Befehl des englischen Piraten-Kommandanten Henry Morgan und wußte zu berichten:

„Ohne viel Mühe brachte Morgan nach Aufzehrung der Beute aus Maracaibo seine Leute dazu, einen weiteren Ort anzugreifen. Sofort sammelten sich die Piraten aus Tortuga und Hispaniola unter Morgans Fahnen, denn sein Glück und seine Zuvorkommenheit, die er auch Franzosen gegenüber an den Tag legte, machten ihn bei allen beliebt, auch bei solchen, die ihn nicht kannten. Die Leute strömten nur so an Bord der Piratenschiffe, und wer darauf keinen Platz mehr fand, fuhr mit dem Kanu zum Sammelplatz . . . "

Deutlicher kann man nicht sagen, welche Faszination die Freibeuterei ausübte. Mindestens genauso faszinierend ist, nach welchen demokratischen Prinzipien die großen Piraten-Führer vor einem Beutezug die Verteilung der Schätze regelten und dabei immer die Interessen der Schwächsten, nämlich der Verwundeten und Krüppel, voranstellten. Hier finden wir die wohl früheste Form einer Unfallversicherung mit kombinierter Altersversorgung – und zwar 300 Jahre vor deren Einführung in Europa. Bei Exquemelin lesen wir, mit welcher Großzügigkeit die Piraten zuerst ihre Verwundeten versorgten, ehe sie sich über die verbleibende Beute hermachten:

„Als Entschädigung für Verwundungen wurde festgelegt: für den Verlust beider Beine zusätzlich fünfzehnhundert Piaster oder fünfzehn Sklaven ja nach Wahl; für den Verlust beider Hände achtzehnhundert Piaster oder achtzehn Sklaven; für ein Bein oder eine Hand fünfhundert Piaster oder sechs Sklaven; für ein Auge hundert Piaster oder einen Sklaven; für einen Finger hundert Piaster oder einen Sklaven; für steife Gliedmaßen ebensoviel wie für den Verlust. Diese Entschädigungen sollen vor der Teilung von der allgemeinen Beute abgezogen werden. Diese Bestimmungen wurden einmütig festgesetzt und zuerst von Morgan, dann von den Kapitänen und Offizieren der Flotte unterzeichnet."

Bei derart reichlicher sozialer Absicherung, von der ein gepreßter Matrose in der englischen oder französischen Marine nicht einmal zu träumen wagte, konnten die karibischen Freibeuter wahrlich hochmotiviert und todesmutig in den Kampf ziehen. Man beachte auch das Grundprinzip des Sozialwesens der Freibeuter: zuerst die Hilfsbedürftigen versorgen, erst dann die Gewinne verteilen.

Auch in der strukturellen Organisation ihres Gemeinwesens waren die Seeräuber Vorreiter einer demokratischen Ordnung, von der die europäische Königreiche, aus denen sie kamen, noch Jahrhunderte entfernt waren. Zum Beispiel wurde das Oberhaupt der Freibeuter – also der Schiffskapitän bzw. bei größeren Flotten der Admiral – in freier Abstimmung von den einfachen Matrosen direkt gewählt. Genauso konnte der Führer durch absolute Mehrheit von den Matrosen wieder abgewählt werden. Wir kennen aus Piratenfilmen die Wahl per Übergabe des schwarzen Tintenflecks auf einem Stück Papier, weil viele Matrosen damals nicht schreiben konnten. Diese Entscheidung mußte der Führer akzeptieren und seinen Platz frei machen.

Im Gegensatz dazu betrachte man die absolutistische Macht der Könige dieser Zeit in Europa. Kein Bauer oder Handwerker durfte mit seiner Stimme das Staatsoberhaupt wählen oder absetzten. Und in den Flotten dieser Staaten herrschten im 16. und 17. Jahrhundert die Kommandeure noch als „first man after god". Die Stützen ihrer Macht waren die siebenschwänzige Katze und der Galgen.

Über die Tyrannei an Bord königlicher Kriegsschiffe und über die rechtlose Lage des Seemannes, der möglicherweise noch an Bord gezwungen wurde, ist viel geschrieben worden. Als Vergleich dazu möchte ich dem auszugsweise die Grundregeln der Seeräuber gegenüberstellen. Solche Grundregeln gaben sich alle Freibeuter-Gemeinschaften, sie wurden durch Abstimmung angenommen und hatten den Charakter einer Art Verfassung. Auch hierin waren die karibischen Seeräuber ihren Mutterländern um Jahrhunderte voraus. Diese Verfassungen wichen von Piratencrew zu Piratencrew leicht voneinander ab, hatten meist zehn bis zwölf Artikel, ähnelten sich aber im Inhalt sehr. Als Beispiel zitiere ich das Grundgesetz des Piraten Bartholomew Roberts:

„I. Jeder Mann hat in Angelegenheiten von Bedeutung die gleiche Stimme. Er hat Anspruch auf den gleichen Anteil an frischem Proviant und starken Getränken, wann immer diese erbeutet werden, und kann nach Belieben darüber verfügen, es sei denn, eine Knappheit macht es zum Nutzen aller unumgänglich, über eine Einschränkung gemeinsam abzustimmen.

II: Jeder Mann soll anständig der Reihe der Musterrolle nach an Bord von Prisen gerufen werden, weil jedem über seinen Beuteanteil hinaus ein Kleiderwechsel zusteht. Aber wenn sie die Gemeinschaft auch nur um den Wert eines einzigen Dollars an Silber, Juwelen oder Gold betrügen, so sollen sie auf einer Insel ausgesetzt werden.

III. Niemand darf um Geld spielen, weder mit Würfeln noch mit Karten.

IV. Lichter und Kerzen müssen um acht Uhr des Abends gelöscht werden, wenn ein Mitglied der Besatzung nach dieser Stunde noch weitertrinken will, so muß er das ohne Licht auf dem offenen Deck tun.

V. Jeder Mann muß Gewehr, Entermesser und Pistolen sauber und gefechtsbereit halten.

VI. Weder Knabe noch Frau ist an Bord erlaubt. Wird ein Mann erwischt, wie er eine verkleidete Frau an Bord bringt und verführt, soll er den Tod erleiden.

VII. Wer seinen Gefechtsposten eigenmächtig verläßt, wird mit dem Tod oder durch Aussetzen bestraft.

VIII. Niemand darf einen anderen an Bord des Schiffes schlagen, aber jeder Streit kann an Land mit Säbel oder Pistole ausgetragen werden.
IX. Keiner der Männer darf davon sprechen, das Piratenleben aufzugeben, ehe nicht jedermann einen Anteil von 1000 Pfund hat.
X. Der Kapitän und der Quartermeister erhalten jeweils zwei Anteile von der Beute, der Geschützmeister und der Bootsmann einen und einen halben Anteil, alle anderen Offizire einen und einen Viertel und gemeine Männer je einen Anteil.
XI. Die Musiker sollen nur am Sabbat ruhen."

Roberts ließ jeden seiner Männer die Einhaltung der Gesetze schwören. Jeder Matrose konnte dabei frei entscheiden, ob er auf die Bibel oder das Enterbeil schwören wollte. Der Piratenführer gewährte damit seinen Leuten sogar Religionsfreiheit und demonstrierte diese in einer witzig-makaberen Zeremonie. Aus den Gesetzen geht hervor, daß Seeleute an Bord eines Piratenschiffes nur die Höchststrafe fürchten mußten, wenn sie in grob fahrlässiger Weise die Sicherheit von Schiff oder Mannschaft gefährdeten. Wer das beachtete, hatte nichts zu fürchten. Mehrere Piraten-Kapitäne hatten in ihr Grundgesetz mit aufgenommen, daß den Gegnern Pardon zu gewähren ist, wenn jene darum bitten. Die meisten Freibeuter hatten wenig Interesse am sinnlosen Abschlachten oder Foltern ihrer Gegner. Schließlich versuchten sie bei ihren Überfällen, möglichst viele Seeleute der gegnerischen Seite dazu zu bewegen, freiwillig zu den Piraten überzulaufen, um die eigene Truppe zu stärken. Und das erreichte man nur durch ritterliches Verhalten im bzw. nach dem Kampf.

Wir wollen hier die Piraten der Karibik nicht im Nachhinein glorifizieren. Es blieben Freibeuter, die mit Waffengewalt vornehmlich von den Spaniern raubten, was jene den Indianern gestohlen hatten. Dennoch ist es bezeichnend, welche sozialen und ritterlichen Verhaltensmuster die auf Freiwilligkeit basierende Piratengemeinschaft ihrerseits entwickelte und welche Perversionen auf der anderen Seite die administrative Gesellschaft der Spanier hervorbrachte. Wir wissen, wie brutal die Konquistadoren die Indios vernichteten. Weniger bekannt ist, was geschah, wenn Freibeuter in die Hände der Spanier fielen. Exquemelin berichtet über eine Niederlage, infolge derer eine Gruppe französischer Piraten in die Hände der Spanier geriet:

„Als d'Ogeron außer Sicht war, machten sich die Spanier über die Verwundeten her, töteten sie ganz, schnitten ihnen Nasen und Ohren ab und brachten diese ins Lager, wo sie sie den Gefangenen zeigten. Dann veranstalteten sie ein großes Fest, schossen Salut und führten mit den Gefangenen, die sie an Bäume banden, Turniere durch. Zu Pferd stachen sie um die Wette auf sie ein. Wer am besten traf, bekam einen Preis. Vor den Gefangenen stellten sie gebratenes Fleisch hin, sobald aber einer danach griff, schlugen sie ihm die Hände ab . . . "

Unter solchen Umständen ist es allzu verständlich, daß die frei lebenden Piraten der Karibik bei den Indianern und später den entflohenen schwarzen Sklaven immer Unterstützung und kampffähige Männer fanden, wenn es darum ging, den Spaniern Schaden zuzufügen.

Zurück zur Isla de Pinos. Sie bot aufgrund ihrer Natur nicht nur den großen Freibeuterflotten Unterschlupf und Nahrung. Die Insel hatte darüber hinaus eine Anziehungskraft für Abenteurer, die ein Leben in Freiheit und Unabhängigkeit favorisierten. Als in der zweiten Hälfte des 19. Jahrhunderts die letzten Freibeuter keine Schlacht mehr gewinnen konnten und sich die einst großen Flotten auflösten, segelten viele zur einsamen Südküste der Isla de Pinos und wurden dort Fischer oder Landwirte. Sie bauten Hütten für ihre Familien und pflegten den Geist unabhängig lebender Gemeinschaften weiter. Diese Nachfahren der Seeräuber leben noch heute im Süden der Schatzinsel auf der schmalen Kante zwischen dem Karibischen Meer und dem Dschungel. Und noch heute bezeichnen sich die Alten nicht als Kubaner, sondern als Engländer, weil sie nach wie vor die Sprache ihrer Vorfahren sprechen. Und zu genau diesen Engländern sind wir unterwegs.

Am frühen Nachmittag läuft die LOUISETTE in die Bucht Siguanea ein. Mit etwa 15 Meilen im Durchmesser ist sie fast so groß wie der Greifswalder Bodden. Die Siguanea hat durchschnittlich nur sieben Meter tiefes Wasser und ihre inneren Küsten bestehen überwiegend aus dichten Mangrovenwäldern. Es gibt im Süden der Bucht etliche kleine Inseln, doch auch die bestehen nur aus Mangrovengestrüpp und können nicht bewohnt werden.

Im östlichsten Zipfel der Siguanea geht die Wassertiefe auf etwa 2,5 Meter zurück, und die Bucht geht sanft in den Dschungel von San Pedro über. Dieser Dschungel wird heute nur noch von Krokodilen bewohnt. Zu Zeiten der Seeräuber lebten hier noch Manatis (Seekü-

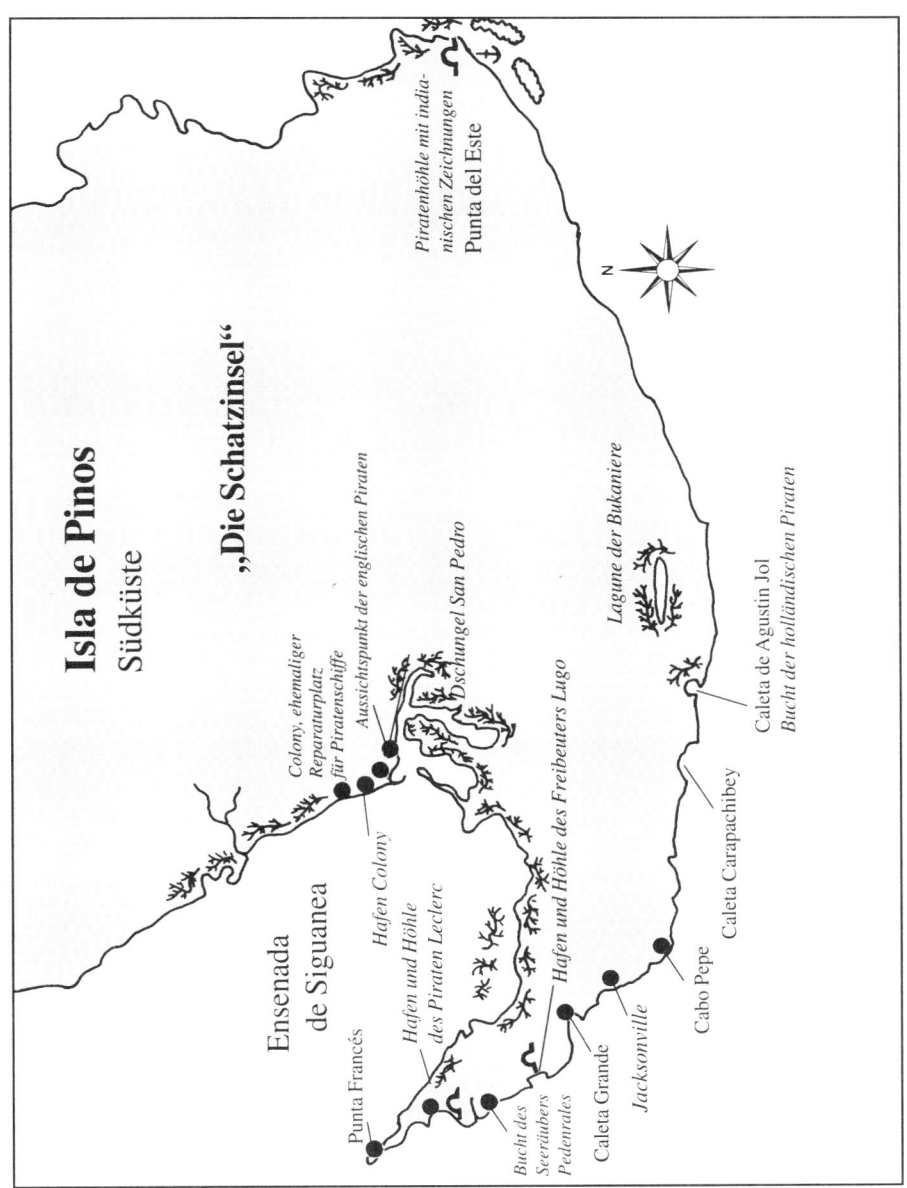

Isla de Pinos
Südküste

„Die Schatzinsel"

Ensenada
de Siguanea

Punta Francés

Hafen und Höhle
des Piraten Leclerc

Bucht des
Seeräubers
Pedenrales

Caleta Grande

Jacksonville

Colony, ehemaliger
Reparaturplatz
für Piratenschiffe

Hafen Colony

Aussichtspunkt der englischen Piraten

Hafen und Höhle des Freibeuters Lugo

Dschungel San Pedro

Cabo Pepe

Caleta Carapachibey

Lagune der Bukaniere

Caleta de Agustin Jol
Bucht der holländischen Piraten

Piratenhöhle mit india-
nischen Zeichnungen
Punta del Este

Ansteuerung der Schatzinsel Isla de Pinos.

he), die eine wichtige Nahrungsgrundlage bildeten. In den Dschungel konnte man früher wie heute mit einem kleinen Schiff bis etwa zwei Meter Tiefgang hineinsegeln, vorausgesetzt, man kannte das Fahrwasser oder hatte einen Lotsen an Bord. Somit bildete dieser Urwald eine natürliche und sichere Fluchtburg, wenn die Spanier in die Siguanea kamen und mit großen Kriegsschiffen die kleinen Piratenflotten angriffen. Die Räuber flüchteten in den Dschungel, fanden dort mit Hilfe der Indianer immer Nahrung und Trinkwasser und brauchten nur zu warten, bis den Spaniern die Vorräte ausgegangen waren und sie darum weitersegeln mußten.

Am späten Nachmittag segeln wir mit der LOUISETTE in die tiefste Spitze der alten Seeräuberbucht. Im Hintergrund leuchten im warmen Licht der schon tief stehenden Sonne die beiden kegelförmigen Gipfel der Sierra la Canada. Diese zwei Berge haben den Seeräubern von einst den Weg zu ihrem Treffpunkt gewiesen. Wir segeln nicht in den Dschungel San Pedro, sondern in den etwa eine Meile nördlich davon gelegenen kleinen Hafen mit Namen Colony. Er liegt genau zwischen

Mit LOUISETTE *auf Entdeckungsreise vor der Südküste Kubas.*

Piratenforscher Lopez an der Quelle der englischen Freibeuter (oben). Unheimliche Begegnung im Dschungel San Pedro.

Isla de Pinos: Die ehemalige Lagune der Bukaniere im Urwald San Pedro (oben).
LOUISETTE *vor dem Kiefernwald der Schatzinsel.*

Piratenhöhle Leclerc: Stephan filmt den seeseitigen Eingang (oben), während Bodo den unterirdischen Weg in den Dschungel sucht.

Jacksonville: Piraten-Urenkel Henry erzählt, wo einst die Schiffe landeten (oben). Höhlenzeichnungen im Versteck bei Punta Este.

Die Expeditionscrew (v. l. n. r.): Per Schnell, Mischa Romkowski, Rüdiger Spott, Bodo Müller, Stephan Köster, Susann Louis, Daniel Mantovani (oben). Leguan auf Isla de Pinos.

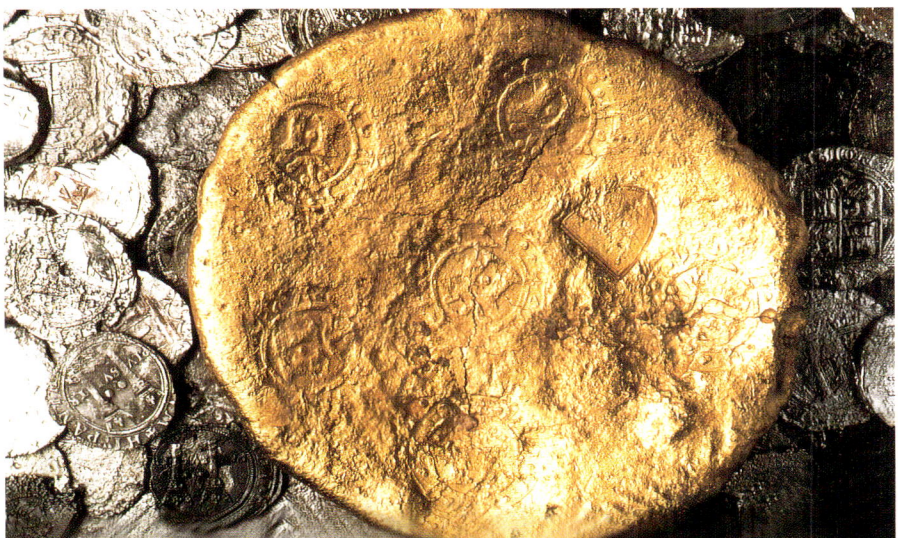

Mit dem Detektor wird unter Wasser das Edelmetall geortet (oben). Gold und Silber nach Jahrhunderten auf dem Meeresboden.

Der Lohn mühevoller Arbeit: Gold aus einer Galeone.

dem Strandabschnitt, wo die Freibeuter ihre Schiffe im Flachwasser kielholten, und der Einfahrt in den Dschungel.

Kurz vor dem Hafen schläft der Wind fast ein, doch wir lassen die Segel oben und treiben mit langsamer Fahrt nach Colony hinein. Wir sehen vor uns die kleine Hügelkette Loma de Siguanea, deren markanter Felsen, der zum Meer hin zeigt, einmal als „English Point" bezeichnet wurde, weil hier die englischen Seeräuber saßen, um den Schiffsverkehr zu beobachten. Die Hänge dieser Hügelkette sind tatsächlich mit Kiefern bewachsen, zwischen denen gelegentlich eine Palme nach oben schießt. Das sind also die Bäume, die der Kieferninsel den Namen gaben. Das traumhafte Abendlicht vergoldet das schöne Panorama, an dem wir uns gar nicht satt sehen können.

Wir sind angekommen. Vor uns liegt die berühmte Isla de Pinos, auch genannt Isla de Tesora – die Schatzinsel.

Wanderung zur Englischen Quelle

Im kleinen Hafen Colony auf Isla de Pinos liegen außer unserer LOUI-
SETTE ein Küstenwachboot und zwei kubanische Motorboote, unter deren Sonnensegel Taucherjackets und Lungenautomaten zum Trocknen hängen. Am Morgen nach unserer Ankunft gehe ich zu einem der
Motorboote und treffe dort erwartungsgemäß meinen guten alten Bekannten, den Meeresarchäologen Professor Alessandro Lopez. Bevor
Lopez zur Universität ging, hatte er bei der Unterwasser-Bergungsfirma
Carisub in kubanischen Hoheitsgewässern Schätze gehoben. Aus einem Grund, den er mir nicht erklären wollte, mußte er diesen Job
aufgeben.

Das meiste Wissen über die Piraterie in der Karibik verdanke ich ihm.
Vor einem Jahr hatte ich mit ihm eine ausgiebige Exkursion rund um
Kuba und die angrenzenden Inseln unternommen, wodurch ich viel
über das Leben der Freibeuter erfuhr. Heute hat Lopez, wie viele Kubaner, Geldprobleme. Es geht ihm weit besser als dem Durchschnitts-
verdiener in Kuba, aber der 43 Jahre junge Professor möchte auch
nicht leben wie der Durchschnitt. Er trägt von Kopf bis Fuß sportliche
und moderne westliche Kleidung und raucht nur teure amerikanische
Zigaretten. Außerdem sieht er sehr gut aus und ist ein Typ, der keine
Frau auslassen kann.

Sein karges Einkommen von der Universität Havanna reicht natürlich
nicht für diesen Lebensstil. Und so hat er verschiedene Eigenarten ent-
wickelt, wie er den Mann von Welt spielen kann. Aber so kenne ich
Alessandro Lopez, und inzwischen weiß ich mit ihm umzugehen.

Als er mich sieht, fällt mir Alessandro um den Hals, ich solle gleich mit
rüberkommen auf das Nachbarschiff, er wolle mir sein Boot zeigen, ja
sein Boot, obwohl es ihm natürlich nicht gehöre, sondern dem Staat.
Wir klettern auf jene Motoryacht, die längsseits zur ersten im Päckchen

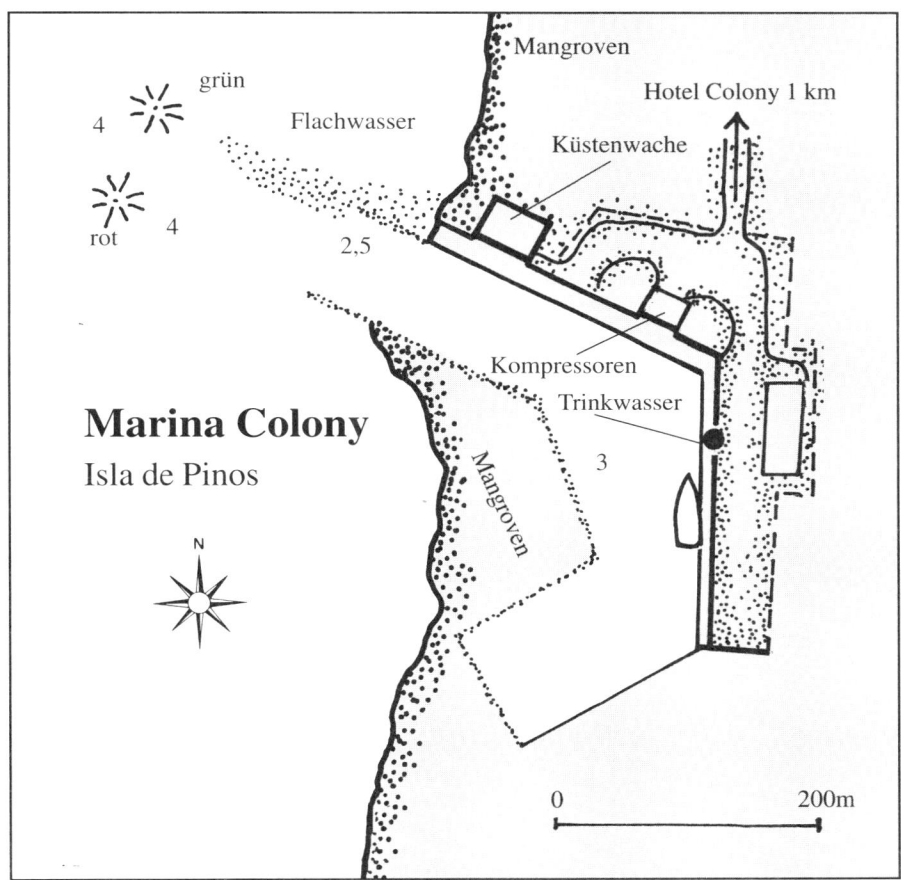

grün

4

rot 4

Mangroven

Flachwasser

2,5

Marina Colony

Isla de Pinos

N

Hotel Colony 1 km

Küstenwache

Kompressoren

Trinkwasser

3

Mangroven

0   200m

liegt. Ich erfahre vom Skipper, daß dieses Boot von einer kleinen Gruppe französischer Taucher gemietet sei. Man habe schon Ausrüstung
und Proviant geladen für die Franzosen, die heute Nachmittag bei Punta Francés tauchen wollen.
Alessandro macht die Eisbox auf und gibt dem Skipper, dem Bootsmann, mir und sich eine Cola. Drei weitere Dosen wirft er zu der kubanischen Crew im Nachbarboot hinüber. Einem Kubaner namens Pedro, der mit einem Jeep gelangweilt im Hafen steht, ruft er etwas zu,

was ich nicht verstehe, worauf jener ins Auto springt und davonfährt. Alessandro bietet mir an, mit diesem Boot zu den Piratenhöhlen zu fahren. Immerhin sei es sein Boot und da er mein Freund sei, würde er das für mich tun. Weil ich derartige Nummern von ihm schon kenne, frage ich vorab, wieviel das kosten solle. Für mich speziell nur 30 Dollar die halbe Stunde, und die Tauchausrüstung 25 Dollar. Ich brauche, weil es an den Höhlen flach sei, aber auch nur Flossen, Schnorchel und Brille zu borgen, das würde 15 Dollar die Stunde kosten.

Ich gucke Alessandro an und frage ihn, ob er noch immer glaube, daß wir in Deutschland eine Dollar-Druckmaschine hätten. Doch der Archäologe schwört, daß die Preise vom Staat gemacht seien und er daran keinen Cent verdiene. In solchen Momenten bedauere ich es immer wieder, daß sich der Archäologe Lopez durch seine Spielchen selbst ins Abseits stellt. Er könnte sich aufgrund seines Wissens sicher gut und seriös verkaufen. Ich sage ihm, daß ich in diesem Jahr sowohl ein Schiff als auch Tauchausrüstungen mitgebracht habe und deshalb auf seine großzügigen Angebote verzichten könne. Alessandro hat die Spitze mit Rückblick auf unsere gemeinsame Reise im vergangenen Jahr gut verstanden und sagt: „Sorry, Bodo, für dich hätte ich natürlich das alles umsonst gemacht. Soll ich dich und deine Leute zum Aussichtspunkt der englischen Piraten und zur Englischen Quelle führen? Das ist selbstverständlich kostenlos", fügt er mit einem Lächeln wie ein kleiner Junge hinzu. Ich antworte ihm, daß wir das gern unter seiner fachkundigen Führung machen möchten und in einer Stunde losgehen wollen. Inzwischen kommt Stimmung auf an Bord. Pedro hat in seinem Jeep drei junge Mulattinnen mitgebracht, die zu uns ins Boot klettern. Alessandro krallt sich gleich die schönste und sagt, ich solle mir eine aussuchen, sonst würde er sie seinen Marineros geben.

„Danke, alter Junge, für das freundliche Angebot", sage ich, „wenn wir ins Innere der Insel wandern wollen, müssen wir noch Foto- und Filmausrüstung zusammenstellen. Ich gehe auf unseren Schoner und erwarte dich dort."

Während ich schon von Bord gehe, ruft mich plötzlich der Skipper des Motorbootes zurück und meint, ich müsse bei ihm noch die Drinks bezahlen, die ich ausgegeben hätte. Die Colas seien aus einem Devisenshop für die Franzosen geholt worden, und weil keiner von den

Schoner Louisette *in der Marina Colony.*

Kubanern Dollars hätte, müsse ich jetzt die Rechnung zahlen. Drei Dollar kostet eine Dose, sie war ja immerhin eisgekühlt. Ich werfe Alessandro einen Blick zu, doch der ruft: „Sorry, Bodo, die Preise sind vom Staat gemacht."

Als ich nach dem Zahlen der Rechnung endlich an Land bin, hält mich Pedro am Arm fest und sagt: „Dineros, Señor, Dollaros!" Er fahre ein Devisen-Taxi, und ich solle ihm die Fahrt bezahlen, mit der er die Mädchen geholt hat. Es ist fast soweit, daß mir der Kragen platzt. Ich kann mich aber noch beherrschen und sage, daß die Rechnung der Herr bezahlt, der soeben ein kubanisches Monatsgehalt an den Getränken verdient habe.

Während Daniel und Susann Wasser bunkern und sich auch sonst sehr liebevoll um ihren kleinen Schoner kümmern, packen wir die Sachen für unseren Marsch zum English Point. Alessandro Lopez ist um elf Uhr bei uns und führt uns auf einem zunächst leicht begehbaren Weg in Richtung Südosten. Beidseitig des Weges ist der Boden morastig, von Mangroven und anderem Gestrüpp überwuchert. Hier sehen wir knallbunte Papageien, selten ist ein schneeweißer Papagei zu sehen. Alessandro meint, wir sollten auf der Hut sein, da hier in der feuchten Niederung, die wir bald durchquert haben, Krokodile lauern könnten.

Es ist heiß und schwül, und uns rinnt der Schweiß von der Stirn. Nach einer halben Stunde haben wir die Niederung verlassen und sind am Fuße der Hügelkette Loma de Siguanea. Hier beginnt der Kiefernwald, und es riecht wie im Harz. Stellenweise stehen die Kiefern in Reih und Glied, und Lopez erzählt, daß jahrhundertelang soviel Nadelholz für Schiffsreparaturen geschlagen wurde, daß die Hänge der Hügel teilweise schon kahl waren. Unter Castro fingen die Kubaner endlich an, die Isla de Pinos wieder aufzuforsten. Zwischendurch hätten sich hier schon Palmen ausgebreitet, die habe es früher nur im unteren Bereich am Wasser gegeben.

Während wir den Berg hinaufklettern, sehen wir zweimal Leguane. Die gibt es in den heimischen Kiefernwäldern nun wirklich nicht. Die bis zu einen Meter großen Reptilien haben sich auf Isla de Pinos genauso wie die Krokodile stark vermehrt, seitdem sie offiziell nicht mehr gejagt werden dürfen.

Nach etwa einer Stunde erreichen wir einen kleinen Felsen, der zwar

Leguan auf der Isla de Pinos (oben). Piratenforscher Professor Lopez auf dem Aussichtspunkt der englischen Freibeuter.

nicht ganz den höchsten Punkt bildet, jedoch den weitesten Ausblick auf das Meer gewährt. Das ist English Point. Wir klettern auf den Fels und haben eine gigantische Aussicht über die Bahía Siguanea und das Karibische Meer südlich von Kuba. Hier hatten Francis Drake, John Hawkins und Henry Morgan ihre Späher postiert, um den Schiffsverkehr zu beobachten. Der Aussichtspunkt liegt ideal, da man binnen kurzer Zeit am Schiffsliegeplatz ist und melden kann, daß es wieder Arbeit gibt. Selbst den Dschungel von San Pedro kann man von hier genau überblicken und jede Schiffsbewegung verfolgen.

Wir sehen heute nicht nur keine Galeone, sondern überhaupt kein Schiff vor der Küste. Um die Isla de Pinos ist es still geworden. Das erinnert mich seltsamerweise an die Insel Rügen, die etwa genauso groß ist wie Isla de Pinos. Wenn man da vor 1989 auf einem Berg stand und aufs Meer schaute, sah man auch meistens nichts als die See. Die Einheimischen durften mit ihren Booten nicht aufs Meer, und die fremden Sportschiffe durften nicht kommen. Heute ist Rügen die Insel der Ostsee, wo der Wassersport nur so boomt. Aus verkommenen alten Fischerhäfen sind längst moderne Marinas entstanden. Möglicherweise ist es auch auf Isla de Pinos nicht mehr lange so still. Früher oder später wird auch Kuba freier werden, ganz gleich, ob mit oder ohne Fidel. Dann wird aus dieser Insel vielleicht ein Touristenzentrum, wo an den Pommes-Buden Piratenflaggen wehen.

Alessandro Lopez erzählt, die Kieferninsel wurde 1494 von Kolumbus auf seiner zweiten Reise nach Amerika entdeckt, und er nannte sie „Evangelista". Die ersten spanischen Siedler kamen zu Beginn des 16. Jahrhunderts vom kubanischen Festland hierher. Doch die Landwirte blieben ausschließlich im Norden, der sich durch Rodung der Kiefernwälder urbar machen ließ. Der gesamte südliche Teil der Insel mit seinen Feuchtgebieten und schwer durchdringlichen Urwäldern blieb menschenleer. Lopez glaubt, wenn der Erzähler Stevenson in seiner „Schatzinsel" ein konkretes Eiland meinte, könne es nur Isla de Pinos sein. Es gäbe keine weitere Insel in der Karibik mit so vielen authentischen Berichten über Piraten und vergrabene Schätze.

Die Archäologen wissen heute, daß die ersten Freibeuter 1565 Zuflucht auf der Isla de Pinos suchten. Da die Insel an den militärisch ungeschützten Seewegen der südlichen Karibik lag, haben sich hier schnell

Schmuggler, Bukaniere, Piraten, Sklavenhändler und Korsaren eingefunden. Sie versorgten sich mit Holz, Fleisch und Wasser, reparierten
ihre Schiffe oder suchten bei Sturm oder Bedrohung Zuflucht.
Da es hier immer einen Bedarf an geräuchertem Fleisch gab, ließen
sich zuerst die französischen Bukaniere nieder. Sie lebten entweder an
der Küste oder an den Ufern eines im Urwald liegenden Süßwassersees,
der noch heute „Lagune der Bukaniere" heißt. Die Bukaniere jagten
wilde oder verwilderte Tiere, bereiteten das Fleisch durch Räuchern
oder Trocknen zu und ernährten sich ausnahmslos von Fleisch. Da sie
täglich Tiere töteten und ausweideten, sich selbst sowie die Kleidung
nur selten wuschen, stanken sie immer nach geronnenem Blut. Die
Bukaniere lebten in kleinen Gruppen und nahmen gern Indianer oder
geflohene schwarze Sklaven bei sich auf. Einer von ihnen war immer
den ganzen Tag lang damit beschäftigt, in einer Hütte ein Feuer in
Gang zu halten, wo das Fleisch geräuchert wurde.
Die Bukaniere bevorzugten außergewöhnliche Gewehre mit extrem
langem Lauf, die nur in Frankreich gebaut wurden. Sie waren zwar
schwer zu tragen, aber von enormer Reichweite und Treffsicherheit.
Das war beim Jagen im Urwald oft ein entscheidender Vorteil. Ihr Geschäft war es, das zubereitete Fleisch an die Freibeuter zu verkaufen.
Jene gingen auf das Geschäft ein, ohne die Bukaniere zu berauben,
denn in schwierigen Situationen waren sie oft die einzigen, aber auch
die zuverlässigsten Lieferanten von Nahrung. An Aktionen der Piraten
beteiligten sich die Bukaniere von sich aus nur selten. Sie führten ein
freies Leben, hatten immer satt zu essen und besaßen aus den Geschäf-
ten mit den Piraten meist auch reichlich Silber oder Gold, das sie in
ihrem Lebensraum, dem Urwald, nirgendwo ausgeben konnten.
Nur einmal sind die Bukaniere in großen Scharen mit den Piraten ge-
zogen. Das war in der zweiten Hälfte des 16. Jahrhunderts, als Henry
Morgan die freien Piraten rund um die Karibik unter seiner Flagge
vereinte, um mit kampfstarken großen Flotten die an Gold und Silber
reichen spanischen Städte in Mittelamerika zu plündern. Dazu brauchte er die französischen Bukaniere mit ihren langen Gewehren.
Der legendäre Morgan scheute sich nicht, mit Kastellen und Kanonen
befestigte spanische Städte, die über eine zehnfache Übermacht an
Soldaten verfügten, anzugreifen und auszurauben. Berühmt geworden

Die französischen Bukaniere mit ihren langen Flinten versorgten die Piraten nicht nur mit Fleisch, sondern halfen auch bei der Eroberung spanischer Festungen.

sind Morgans kühner Überfall auf das Castillo San Lorenzo de Chagre sowie seine siegreiche Eroberung der 15 000 Mann starken spanischen Stadtfestung Panama durch nur 1200 verwegene Piraten.

Während die Spanier auf ihre schweren Geschütze vertrauten, ließ Morgan für solche Aktionen die französischen Bukaniere von den Inseln Hispaniola und Isla de Pinos anwerben. Sie folgten ihm mit Begeisterung, war es doch eine Ehre, mit einem so berühmten Piraten auf Kaperfahrt gehen zu dürfen. Bei den Angriffen auf spanische Festungen ließ Morgan die französischen Bukaniere mit ihren manneslangen Gewehren aus sicherer Deckung und mit hoher Treffsicherheit in die Geschützpforten der Spanier feuern. Auf diese Weise sorgten die Bukaniere dafür, daß die Geschütze schnell zum Schweigen gebrachte wurden. Die stärkste Waffe der Spanier war außer Gefecht gesetzt, und die johlende Meute mit dem Enterbeil hatte freien Lauf.

Zeitweise machte Henry Morgan die Isla de Pinos zu seinem Hauptquartier. Wir wissen heute, daß er nicht nur schlechthin der Führer einer kleinen wilden Horde war. Er war ein gebildeter Mann, ein erfahrener Seefahrer und ein Kommandant mit Charisma. In seinen großen Zeiten befehligte er eine Flotte von mehreren tausend Mann. Das entspräche in einer königlichen Flotte dem Rang eines Admirals. Doch Morgan hatte seine Position weder durch Vetternwirtschaft noch durch Peitsche und Galgen erreicht. Und alle Piraten – ganz gleich, ob sie englisch, französisch, holländisch oder indianisch sprachen – waren freiwillig zu ihm gekommen.

Auf der Isla de Pinos bereitete Henry Morgan seinen kühnsten Plan, den Überfall auf Havanna, vor. Doch das war das einzige Piratenstück, das ihm nicht glücken sollte. Havanna war eine uneinnehmbare spanische Festung. Villa de Puerto Principe hieß das nächste Ziel, das Morgan von der Isla de Pinos aus erobern wollte. Dieser Streich gelang ihm, und er kehrte mit unermeßlichen Schätzen zurück.

Mit ihren großen Führern kamen Tausende von Piraten auf die Isla de Pinos, was man sich heute kaum mehr vorstellen kann. Nach den selbstgemachten Gesetzen der Freibeutergemeinschaften besaßen die einfachen Matrosen nicht wesentlich weniger Schätze als ihre Anführer. Entsprechend große Mengen an Gold und Silber kamen dadurch auf die Insel, wurden hier umgesetzt oder an sicherer Stelle vergraben.

Alessandro meint, hätte er nur ein Prozent von dem Gold und Silber, was hier noch vergraben liegt, würde er sein Leben lang nicht mehr arbeiten müssen. Der Archäologe und Piratenfachmann muß es wissen. Doch auch er kennt nicht die Stellen, wo die Schätze der Schatzinsel vergraben liegen. Unter Alessandros sicherer Führung klettern wir vom Englischen Felsen hinab, durchstreifen einen Kiefernhang und kommen zur Englischen Quelle. Sie besteht aus rotem Granitgestein, das von weißem Marmor gesprenkelt ist. Aus diesem Stein sprudelt von unten eine Quelle in einen etwa badewannengroßen steinernen Trog. Die Quelle heißt so, weil die englischen Seeräuber hier Frischwasser bunkerten.

Doch berühmt wurde die Quelle durch einen Franzosen und seinen hier vergrabenen Schatz. Alessandro kennt die Geschichte im Detail, da er lange an diesem Thema geforscht hat: „Der in Frankreich bekannte Pirat Jean Latrobe, der einige Jahre unter dem Kommando seines berühmten Landsmannes Jean Lafitte in der Karibik räuberte und von ihm auch das Handwerk der Piraterie erlernte, fing 1809 an, sich mit einer kleinen Flotte selbständig zu machen. Er hielt sich an der Südküste Kubas zwischen Kap San Antonio und Isla de Pinos auf, um die spanischen Frachtschiffe, die nach Havanna wollten, zu plündern. Seinen Stützpunkt hatte er hier in der Bucht Siguanea, wo er sich auch von den französischen Bukanieren mit Proviant versorgen ließ.

Während dieser Zeit gelang es Jean Latrobe, zwei spanische Segelschiffe auszumachen, die aus Nueva Granada kamen und auf der üblichen Route zum Kap San Antonio und dann weiter nach Havanna wollten. Beide Schiffe waren beladen mit Gold, Juwelen und Perlen. Der Zeit entsprechend hatten beide spanischen Frachtsegler ein wohlbestücktes Batteriedeck und neben den Seeleuten je 200 Soldaten, die mit Gewehren und Pistolen bewaffnet waren, an Bord.

Trotz mehrfacher Übermacht und energischer spanischer Gegenwehr gelang es Latrobe mit einer Flotte kleiner Schiffe und nur knapp einhundert Mann, die Spanier zu entern und zu besiegen. Er raubte soviel Gold, Juwelen und Perlen, wie seine drei kleinen aber schnellen Segler fassen konnten.

Latrobe hatte kein Interesse an spanischen Seeleuten in seiner Flotte, auch wollte er keine Gefangenen machen, da es immer schwieriger wurde, Sklaven zu verkaufen. Und ein massenhaftes Abschlachten der Gegner, wie es die Spanier so gern praktizierten, war nicht typisch für die Kriegsführung der Freibeuter. Also ließ Latrobe die beiden spanischen Schiffe, etwas erleichtert zwar, aber doch unbehelligt, weitersegeln.

Latrobe fürchtete zu Recht, daß die Spanier diese peinliche Niederlage nicht lange auf sich sitzen lassen würden. Immerhin schrieb man schon das Jahr 1809, und das immer perfektere System der Küstenüberwachung machte den letzten freien Freibeutern das Leben schwer.

Latrobe segelte mit seinen Schiffen zurück zur ihm gut bekannten Isla de Pinos und ging im östlichsten Zipfel der Bucht Siguanea, etwa dort, wo heute der kleine Hafen ist, vor Anker. Das war der alte Seeräubertreff. Doch er und seine Männer waren die letzten Vertreter eines Zeitalters, das eigentlich schon vorbei war. Latrobe zahlte seinen Männern den Anteil an Gold, Juwelen und Perlen aus. Sein tragisches Schicksal vorausahnend, behielt Latrobe seinen eigenen und damit den größten Anteil der Beute aber nicht bei sich, sondern vergrub ihn auf der Isla de Pinos. Da die Schiffe beim heutigen Hafen Colony lagen und der Schatz schwer war, muß ihn der Piratenführer hier in der Nähe vergraben haben.

Anschließend flüchteten Latrobe und seine Männer von der Isla de Pinos, da die Spanier sie zuerst in dem alten Piratennest suchen würden. Die letzten französischen Räuber segelten nach Südwesten zu den Cayman-Inseln, frischten ihre Vorräte auf und flüchteten weiter nach Jamaika.

Latrobe suchte wieder Anschluß zu seinem früheren Kommandeur, dem mächtigen französischen Piraten Jean Lafitte. Der legendäre Lafitte hatte sich jedoch schon den neuen Zeiten angepaßt und mehrere Standbeine aufgebaut. Er war nicht mehr nur Pirat, sondern auch Schmuggler und ein führender Kopf der New Yorker Unterwelt.

Jean Latrobe konnte den alten Kumpanen nicht finden. Dafür fand man ihn. Auf dem Weg nach Jamaika wurde der kleine Trupp flüchtender Piraten von einem Marinekommando der USA aufgebracht. Die Nordamerikaner waren so modern ausgerüstet und schlagkräftig, daß die französischen Freibeuter sich auf keinen Kampf einließen, sondern durch Verhandlungen wieder freizukommen versuchten. Doch es gab kein Pardon. Die Nordamerikaner lieferten Jean Latrobe und seine Männer den Behörden von Jamaika aus.

Schatzinsel: Piratenforscher Lopez an der Englischen Quelle.

In einem solchen Fall sahen sich die Behörden von Jamaika, die früher ganz gut mit den Seeräubern leben konnten, gezwungen, einen Prozeß anzustrengen und mindestens einen Piraten aufzuhängen. Dieser eine war Jean Latrobe. Wegen Piraterie wurde er zum Tode verurteilt und 1810 zum Galgen geführt. Seine Kumpane wurden begnadigt. Seine engsten Freunde kamen zum Galgen, um ihren Führer zur letzten Reise zu geleiten. Darunter auch Latrobes Schiffsjunge. Der letzte Wunsch des Piraten Latrobe, vor seiner Hinrichtung all seinen Freunden noch einmal die Hand drücken zu dürfen, wurde gewährt. Als letztem drückte Jean Latrobe seinem Schiffsjungen die Hand und sah ihm dabei tief in die Augen. Dann starb der berühmte französische Freibeuter in der Schlinge.

Der Schiffsjunge jedoch hielt eine schriftliche Notiz in der Hand. Es war der Plan, wo genau auf der Isla de Pinos der Schatz des Piratenkapitäns begraben liegt. Auf der Notiz soll auch gestanden haben, daß der Schiffsjunge diesen Plan dem Piraten Jean Lafitte übergeben müsse, der den Schatz bergen und in Sicherheit bringen solle.

Der Schiffsjunge beriet sich mit den letzten Piraten, die zum Hinrichtungsplatz gekommen waren. Die meinten, daß der Junge zu Lafitte fahren solle. Unter dem Kommando eines starken Führers würden sie es wagen, den Schatz zu bergen. Doch auf der Überfahrt nach den USA starb der Junge, und mit ihm ging auch die schriftliche Note an Lafitte verloren. Damit war die Geschichte vergessen – vorerst.

Seltsamerweise griff die New York Times am 29. März 1925 das Thema noch einmal auf und schrieb in einer längeren Meldung, daß man nun wisse, wo der Schatz des Piraten Jean Latrobe läge. Der Schatz wäre auf der Isla de Pinos vergraben, und zwar 90 Fuß von einer sprudelnden Wasserquelle entfernt."

Alessandro steht auf und ergänzt: „Dies hier ist die einzige sprudelnde Wasserquelle auf Isla de Pinos. Und schon mein Vater, der unter Castro kämpfte und danach ein engagierter Hobby-Archäologe wurde, hat hier fast jedes Jahr in den Ferien nach dem verdammten Schatz gesucht. An allen nur denkbaren Stellen in der Umgebung hat er mit dem Spaten Probegrabungen unternommen. Doch nichts hat er gefunden, nicht ein einziges Goldstück. Doch es muß hier sein, verdammt noch mal!"

Die Fahrt in den Dschungel San Pedro

In der letzten Nacht war es an Bord der LOUISETTE so heiß und schwül, daß Mischa und ich aus der Kajüte geflüchtet waren und uns jeder einen Flecken auf dem Vorschiff suchten. Die ganze Nacht über hatte es sich nicht spürbar abgekühlt, und schon kurz nach Sonnenaufgang steht der rote Ball fast senkrecht über uns. Das Thermometer zeigt morgens 30 Grad im Schatten, und das Wasser in der flachen Bahía Siguanea mißt nur drei Grad weniger.

Alessandro Lopez bringt uns drei frische Kokosnüsse an Bord, die er bei seinem morgendlichen Lauf bis zum Rand des Urwaldes aufgesammelt hat. Er springt zu uns ins Cockpit, und mit ein paar gekonnten Hieben seines Dolches haut er ein Loch in die Früchte, und wir trinken genüßlich den kühlen süßen Saft. Dann hackt er die Nüsse in viele kleine Stücke, jeder kann sich selbst das weiße und nahrhafte Fruchtfleisch herausschaben.

Vor uns liegt die Karte der Schatzinsel. Ich frage Lopez, welche Piraten hier noch waren und was man über sie wisse. Der Archäologe meint, daß auf dieser Insel in den vergangenen 400 Jahren so viele Bukaniere, Piraten und Korsaren lebten, daß man über sie etliche Bücher schreiben könnte.

„Dann nenne uns jene, die hier Schätze vergraben haben", bitte ich den Wissenschaftler.

Lopez überlegt kurz und zeigt dann auf die Karte: „Hier unten, an der Südküste, gingen im Frühjahr 1612 holländische Piraten an Land. Im Laufe des Jahres besetzten sie mehrere Teile der Kieferninsel. Wie alle anderen Freibeuter raubten sie die Spanier aus. Zu der Zeit fuhren hier die Schiffe der Silberflotte von Portobello, Cartagena und Nombre de Dios entlang. Die Holländer rafften ganze Schiffsladungen voll Silber zusammen. Das Metall tauchte nirgendwo wieder auf. Die Archäologen sind sich sicher, daß die Holländer ihre Schätze auf der Insel vergraben haben. Wenn das stimmt, müßte das Silber im Süden der Insel liegen, etwa in der Region zwischen Caleta de Carapachibey und Caleta de Agustin Jol. Das ist die Gegend, wo heute der Leuchtturm Carapachibey den südlichsten Punkt der Insel markiert. Die beiden „Caletas" (deutsch: Naturhäfen) waren die Schlupflöcher der Holländer. Der Name „Agustin Jol" erinnert an den bekannten niederländischen Räuberkapitän. Und dann liegen hier vermutlich noch die Schätze von zwei Piratenkapitänen, die man in Europa kaum kennt. Wir wissen auch nichts über deren Herkunft. Aber wir wissen, was sie in der Karibik getrieben haben. Das sind zum einen der Franzose Franquesnay, der sich ab 1678 auf der Kieferninsel aufhielt und zum anderen der Engländer Charles Grant, dessen Name um 1700 erstmals hier auftauchte. Beide plünderten jahrelang zwischen den Antillen und dem Festland, kamen aber immer wieder auf ihre Basis, die Isla de Pinos, zurück. Das war zu der Zeit, als die Silbertransporte eine neuerliche Konjunktur erlebten. Franquesnay und Grant hatten den Spaniern so viele Schiffsladungen Silber abgenommen, wie sie nie im Leben hätten ausgeben können. Die Räuber sind damit auch nicht in die Heimat zurückgekehrt. Man fragt sich heute, wo sie das Metall gelassen haben. Als sie starben, fand man nämlich kein Stück bei ihnen. Es gilt als sicher, daß sie es hier vergraben haben."

Es ist so heiß geworden, daß keiner von uns Lust hat, einen Marsch ins Innere der Insel zu unternehmen. Ich frage den Piratenforscher, ob es Schauplätze gäbe, die hier in der Nähe und mit dem Boot erreichbar seien.

Alessandro guckt auf die Karte: „In der Einfahrt zum Dschungel San Pedro gab es eine große Seeschlacht. Die Spanier wollten den Piraten Baskerville vernichten. Baskerville befehligte mit 30 Schiffen und kleinen Booten die größte Piratenflotte, die jemals hier gesehen wurde. Doch die Spanier kamen mit doppelter Übermacht und großen und schweren Kriegsschiffen. Als das Gefecht begann, zogen sich die Räuber in den Dschungel San Pedro zurück. Sie wußten, daß ihnen dorthin die Spanier nicht folgen konnten. Dennoch verlor Baskerville acht Schiffe im Kampf. Die anderen Freibeuter retteten sich, indem sie tief in den Urwald segelten. Nachdem die Spanier dann alle Kanonenkugeln über die Mangrovenwälder geschossen hatten, konnten die Piraten wieder in Ruhe zurückkommen. Und die Spanier flohen von selbst, weil sie eine furchtbare Angst hatten vor den wilden Typen mit ihren Entermessern."

Auf meine Frage, ob man von dem Schlachtfeld etwas sehen könne, meint der Forscher, das dies fast aussichtslos sei. Wo der Dschungel San Pedro in die Bucht Siguanea mündet, sei das Wasser so trübe, daß man unten nichts sähe. Auch bestehe der Grund, auf dem die Wracks liegen, aus einer meterdicken Schlammschicht. Gleiches treffe für jene Stelle zu, wo Francis Drake ein Schiff verloren hatte.

Bei dem Namen „Drake" horchen wir auf, und Professor Lopez muß uns auch diese Geschichte erzählen: „Die größten Ereignisse erlebte die Kieferninsel in den letzten Jahren des 16. Jahrhunderts. Bereiste Abenteurer zur See wußten, daß sich hier die Piratenflotten trafen. Den prominentesten Besuch erhielt die bunte Meute der Freibeuter im Sommer 1595. Die damals schon legendären Kapitäne John Hawkins und Francis Drake steuerten mit ihren Flotten die Isla de Pinos an und gingen am Piratentreffpunkt im östlichen Zipfel der Siguanea vor Anker. Hawkins und Drake waren nicht einfach nur Piraten, sondern Korsaren, die einen Kaperbrief der englischen Königin Elizabeth I. besaßen. Und in England galt Francis Drake längst als Seeheld, nachdem er 1588 als Vizeadmiral unter Lord Howard die spanische Armada im Ärmelkanal besiegt und damit den Aufstieg der englischen Seemacht eingeleitet hatte.

Drake und Hawkins hatten nicht nur einen wesentlich höheren Status, sondern auch eine viel bessere Ausrüstung als das in bunten Lumpen herumrennende Volk der einfachen Freibeuter. Drake und Hawkins waren übrigens Verwandte; sie stammten aus einer und derselben Schifferfamilie von Devonshire im Südwesten Englands.

Die alten Wölfe Drake und Hawkins galten selbst unter Piraten als hochangesehene Persönlichkeiten. Wegen seiner erfolgreichen Kaperfahrten war Drake 1581 von Königin Elisabeth I. zum Ritter geschlagen worden und trug seitdem den Titel „Sir". Als Drake und Hawkins 1595 ein zweites Mal in die Karibik segelten und auf der Isla de Pinos eintrafen, waren sie schon 55 bzw. 75 Jahre alt.

Sie kamen in Gegenden zurück, die sie von früheren Raubzügen kannten. Doch diesmal kommandierten sie eine Flotte von 28 Kriegsschiffen. Sie liefen die Siguanea an, reparierten ihre Schiffe und gewährten den Besatzungen eine Zeit der Erholung für die geplanten Überfälle auf die spanische Festung Puerto Rico sowie den Goldhafen Portobelo. Als sie weitersegeln wollten in Richtung Punta Este, erschien eine spanische Kriegsflotte vor der Bahía Siguanea und versuchte, die Engländer in die Enge zu treiben.

Die spanische Flotte war zahlenmäßig stärker als die englische und stand unter dem Kommando von Admiral Don Bernardino Delgadillo de Avellaneda. Außerdem waren die spanischen Schiffe größer, damit reichlicher bemannt und mit Kanonen bestückt.

Für Drake und Hawkins war es zu riskant, sich auf eine Schlacht gegen den überlegenen Gegner einzulassen. Sie segelten zum Eingang in den Dschungel San Pedro und manövrierten geschickt zwischen den Cayos entlang, wohin die Spanier mit ihren schwerfälligen Schiffen nicht folgen konnten. Die Spanier feuerten ihre Breitseiten ab und versenkten eine englische Brigg mit Mann und Maus. Dem Rest der englischen Flotte gelang eine abenteuerliche Flucht zwischen Cayos und Mangrovenwäldern hindurch, bis sie den offenen Teil der Siguanea erreichten und den Spaniern davonsegelten. Während der Verfolgung gelang es Don Bernardino, eine zweite englische Brigg außer Gefecht zu setzen und aufzubringen. Die anderen Engländer, darunter die beiden Anführer, segelten ihnen davon."

Für Drake und Hawkins waren die Wochen auf Isla de Pinos die letzte glückliche Zeit, die sie gemeinsam erleben konnten. Hawkins wurde am 23. November 1595 beim Sturm auf Puerto Rico von einer spanischen Kugel getötet. Drake erlag am 28. Januar 1596 nach erfolglosem Angriff auf den Goldhafen Portobelo der Ruhr. Seinem Wunsch entsprechend, bestattete ihn seine Crew auf offener See.

Wir entscheiden, an diesem heißen Tag mit der Louisette in den Dschungel San Pedro zu segeln und dort mit dem Beiboot auf Erkundungsfahrt zu gehen. Auch wenn man auf morastigem Untergrund keine Wracks sehen kann, wollen wir doch einen Eindruck von dem Urwald bekommen, der einigen Seeräubern das Leben rettete. Alessandro will erst mitkommen, springt dann aber doch ab, als er unser kleines Schlauchboot sieht.

„Da braucht ein Krokodil nur einmal reinzubeißen", sagt er, „und schon seid ihr weg."

Stephan entgegnet, daß er sich nur schwer vorstellen könne, daß ein Krokodil ein Schlauchboot angreife. Doch Alessandro bleibt bei seiner Meinung: „Wenn der Motor läuft, sicher nicht. Da werdet ihr nicht ein Krokodil sehen, weil es vor dem unbekannten Geräusch flüchtet. Aber wenn der Motor einmal versagt und ihr paddeln müßt, dann will ich nicht in dem Dingi sitzen, denn in San Pedro wimmelt es von Krokodilen. Auch Piraten wurden angefallen. Lies mal Exquemelin. In diesen Dschungel fahre ich nur mit festem Boot und Jagdgewehr."

Damit geht er und widmet sich seiner Freundin, die er gestern hat ankarren lassen und die an der Pier schon auf ihn wartet. Alessandros wirkliche Gründe – die Krokodile oder die Mulattin – können wir in dem Moment nicht herausfinden. Daniel wirft den Diesel an. Wir motoren aus dem Hafen Colony hinaus auf die Siguanea. Es weht ein leicht kühlendes Lüftchen. In dieser Situation bekommt man leicht Sonnenbrand, weil reflektierendes Seewasser die Sonneneinwirkung verstärkt und man es nicht bemerkt, denn der Seewind kühlt.

Daniel motort den Schoner auf die offene Bucht hinaus, fährt, als er nach etwa einer Meile genug Wassertiefe hat, einen großzügigen Bogen nach Backbord und steuert dann direkt die Einfahrt zum Dschungel San Pedro an. Wir haben noch etwas Zeit, die das TV-Team nutzt, um die Kameras klar zu machen. Ich pumpe das Beiboot prall, lege den Blasebalg hinein und sichere ihn. Auch eine Pütz binde ich im Dingi fest. Weil Daniel nur ein Paddel besitzt, lege ich einen Bootshaken dazu. Man weiß ja nie. Irgendwie geht mir die Warnung des Archäologen vor den Krokodilen durch den Kopf.

Lopez ist manchmal ein nervender Typ. Aber wenn er von Piraten und deren Lebensweise erzählt, stimmt das immer. Wir bewegen uns auf den Spuren der Räuber, von deren Lebensweise hier auf der Insel wissen wir aber wenig. Zum Beispiel wissen wir nicht, ob sie Probleme mit Krokodilen hatten.

Lopez nannte Exquemelin. Die Berichte des Piraten sind eine Fundgrube. Ich hole wieder einmal das Buch aus dem Salon und finde nach kurzem Blättern die authentische Beschreibung, wie die Räuber um 1672 auf der Kieferninsel lebten:

Sicheres Schlupfloch: das Flachwassergebiet im Dschungel San Pedro.

„*Nach vierzehn Tagen erreichten wir die Insel Pinos an der Südküste von Kuba und steuerten einen Hafen an, weil wir unser Schiff, welches wir kaum noch über Wasser halten konnten, ausbessern mußten. Zwei Indianer, die mit uns gekommen waren, gingen sofort auf Fischfang, einige unserer Leute machten Jagd auf die von den Spaniern dort eingeführten Rinder. Nach kaum vier Stunden hatten wir Rindfleisch, Schildkröten, Manatis und Seefische genug für zweitausend Menschen. Da war alles Ungemach vergessen; wir nannten uns Brüder, während wir uns in der Hungerzeit im Weg waren, auch wenn wir fünf Schritt voneinander standen. Auch zum Ausbessern unseres Schiffes bot sich hier gute Gelegenheit, denn wir hatten keine anderen Feinde zu erwarten als Spanier, und vor diesen hatten wir keine Angst, da wir eher sie als sie uns suchten. Nur auf die Alligatoren mußten wir achtgeben, weil sie auch nicht vor Menschen zurückschrecken, sobald sie hungrig sind. Einer von uns trat beim Durchstreifen des Busches plötzlich auf einen im Schlamm vergrabenen Alligator. Dieser packte ihn beim Bein und riß ihn zu Boden. Nur dank seiner Stärke gelang es ihm, das Tier mit dem Messer zu töten. Allerdings fiel er sofort wegen des großen Blutverlusts in Ohnmacht. Der Negersklave, der ihn begleitete, war davongelaufen, kehrte*

Die LOUISETTE *ankert in der Dschungel-Einfahrt.*

aber jetzt zurück und schleppte ihn bis ungefähr eine Meile vor die Küste. Von dort holten wir ihn mit einer Hängematte ab. Wir gingen von da ab nur zu zehnt oder zwölft in den Busch und machten auf Alligatoren Jagd. Wenn sie nachts versuchten, an Bord zu klettern, warfen wir ihnen einen Strick um den Hals und zogen sie herauf."

Das hört sich gar nicht witzig an. Wenn die Tiere sogar versuchten, auf die Schiffe der Räuber zu klettern, dann lassen sie sich von einem Gummiboot bestimmt nicht zurückschrecken. Hatte Alessandro doch recht mit dem Gewehr?

Ich versuche, das mit den anderen zu bereden, bekomme aber zur Antwort, daß man darauf brenne, endlich „Rettungsboote von Lacoste" vor die Kamera zu bekommen.

Daniel fährt den Schoner schnurstracks in den Dschungel von San Pedro. Zu beiden Seiten ist das Fahrwasser von dichten Mangrovenwäldern gesäumt. Der etwa einen halben Kilometer breite Wasserweg mäandert, und wir verlieren nach hinten den Blick aufs freie Wasser. Als Orientierung haben wir die zwei Berge zu unserer Linken. Schon nach einer halben Stunde wird das Fahrwasser deutlich schmaler, und wir spüren gelegentlich, wie der Kiel der LOUISETTE auf dem Untergrund dahinschlittert. Die Tiefe können wir nur schätzen, denn unter solchen Bedingungen fängt das Echolot an zu spinnen. Daniel ist heute mutig, hier kann ihm nichts passieren. Je tiefer wir in den Urwald kommen, desto schwieriger wird es, einen Weg durch den Morast zu finden. Schließlich gibt es einen sanften Ruck, und der Schoner sitzt fest.

Wir bringen das Dingi zu Wasser. Per und ich steigen zuerst ein. Stephan und Rüdiger reichen uns Fotoausrüstung, Ariflex-Filmkamera, Amphibicon-Unterwasserkamera, Nagra-Tonbandgerät mit Mikro und noch zwei Taschen mit Zubehör. Dann steigen sie dazu. Das winzige Gummiboot geht fast unter. Bevor wir ablegen, reicht uns Daniel zwei Tauchermesser und eine Machete. Sicher ist sicher, meint der Franzose, es könnte ja doch Krokodile geben.

Zum Glück springt der Motor sofort an. Wir fahren nach Osten tief in den Urwald hinein. Sieht man davon ab, daß der Wasserweg schmaler wird, ändert sich das Bild aber wenig. Beide Seiten sind von drei bis vier Meter hohen Mangrovenwäldern gesäumt. Es gibt kleine Buchten, doch nirgendwo sehen wir ein Stück festen Boden.

Die Wurzeln der Mangroven, die wie Finger im Wasser stehen und damit dem Strauch Halt geben, bilden auf einer Höhe von etwa einem halben Meter ein wild ineinander gewachsenes Geäst, auf dem man sich kletternd und balancierend fortbewegen kann. Die Krone der Büsche entfaltet sich erst in drei Metern Höhe, so daß man auf den Mangrovenwurzeln sogar aufrecht stehen kann.

Wir halten in einer kleinen Bucht und binden das Boot ans Geäst. Nachdem wir festgestellt haben, daß die Mangrovenwurzeln uns tragen, versuchen wir, ein Stück im Gebüsch voranzukommen. Mit etwas Mühe schafft man das sogar, wobei Schwärme von winzigen Insekten um uns herumschwirren und furchtbar lästig sind, obwohl sie nicht stechen. Doch nirgendwo finden wir ein Stück festen Boden. Auch von Krokodilen ist keine Spur zu sehen.

Weil sich für das Kamerateam ein immer gleiches Bild wiederholt, wollen wir zurückfahren. Als wir wieder im Boot sitzen, haben wir noch drei Zentimeter Freibord. Es müßte nachgepumpt werden, und von unten dringt Wasser ein. Doch da wir alle einmal sitzen, jeder mit einem Stück

Undurchdringliche Mangroven-Wälder im Dschungel San Pedro.

Ausrüstung auf dem Schoß, sagen wir uns, daß wir das Stück zurück zur LOUISETTE schon schaffen werden. Wir stoßen ab und treiben mit einem leichten Luftzug über die offene Wasserfläche hinweg in Richtung gegenüberliegendes Ufer.

Per versucht, den Motor anzureißen. Doch weil wir alle zu eng beieinander sitzen und er auch noch das Nagra-Tonbandgerät auf dem Schoß hat, kriegt er die Maschine nicht angeworfen. Eine Nagra ist ein hochempfindliches Gerät für professionellen Einsatz bei Fernsehaufnahmen. Sie hat etwa die Größe eines Aktenkoffers und ist normalerweise nicht dazu da, im Wasser zu stehen. Also hat Per die Nagra auf seine Füße gestellt, damit sie nicht mit der Wasserlache im Boot in Berührung kommt und er zugleich die Hände frei hat, um den Außenborder anzureißen. Per zieht, der Motor springt an und die Nagra rutscht innerhalb des Bootes ins Wasser. Per flucht, hebt das teure Gerät auf seine Knie, der Motor geht aus.

In der Zeit treiben wir am gegenüberliegenden Ufer immer tiefer in eine kleine Bucht hinein. Es ist so schön still hier, wenn der nervende

Das grüne Ungeheuer lauert regungslos im Schilf.

Motor nicht läuft. In dem Moment sagt Rüdiger: „Bodo, kannst du bitte mal durch dein Teleobjektiv gucken, was das für ein langer Gegenstand ist, der da, wohin wir gerade treiben, auf dem Baumstamm im Wasser liegt?"

Ich setze das 500er Spiegelobjektiv an die Minolta, aktiviere den Autofokus, sehe durch den Sucher und erstarre fast vor Schreck: Der seltsame Gegenstand auf dem Baumstamm ist ein riesiges Krokodil, mindestens doppelt so lang wie unser Gummiboot. Und wenn nicht sofort etwas geschieht, treiben wir genau darauf zu. Per reicht mir die nasse Nagra und reißt wie der Teufel am Motor. Doch der sagt nichts. Stephan versucht, uns mit dem Bootshaken in eine andere Richtung zu drücken, doch dummerweise ist es gerade hier so tief, daß er keinen Grund findet. Und langsam, aber gemächlich treiben wir in den Futternapf des grünen Ungeheuers. Es ist jetzt nur noch einen Steinwurf entfernt und genau zu erkennen.

Das etwa dreieinhalb Meter lange Krokodil sitzt regungslos da und gibt uns mit einem kurzen Augenaufschlag zu verstehen, daß es uns sehr wohl kommen sieht. Stephan hat den Bootshaken gegen das einzige Paddel getauscht, was aber überhaupt nichts nützt, da wir uns damit nur im Kreise drehen. Während wir immer dichter herantreiben, bleiben sowohl das Krokodil als auch der Motor völlig regungslos. Rüdiger meint, das Ding sei vielleicht nur aus Plastik und von der LTU gesponsert, damit die Touristen hier etwas Nervenkitzel erleben. In dem Moment läßt sich das Ungeheuer doch tatsächlich von der Wurzel ins Wasser rutschen und taucht ab.

Ich greife nach einem der Tauchermesser und binde es mir ans Bein – für den Fall, daß wir schwimmen müssen. Während das Krokodil für uns unsichtbar irgendwo unter Wasser steckt, pumpt Per wie ein Teufel Benzin nach, reißt mit der anderen Hand – und der Motor springt mit lautem Geheul an. Per haut den Gang rein, wobei wir fast einen Überschlag machen, und donnert mit Vollgas zurück. Das Wasser schwappt nur so ins Boot, und ich staune, daß wir überhaupt noch über Wasser fahren. Alle haben nur einen Gedanken: schnell zurück zur LOUISETTE!

Als wir endlich unseren Schoner zu sehen bekommen, haben wir schon keinen Freibord mehr, und Per zügelt endlich den Motor, damit wir nicht völlig absaufen. Klitschnaß klettern wir auf die LOUISETTE zurück. Als Daniel uns so sieht, sagt er in seinem schönen gebrochenen Deutsch mit französischer Melodie: „Oh la la, isch hätte nie geglaubt, daß meine alte Dingi mit so viele Leute schwimmt."

Über Punta Francés nach Jacksonville

Die Hochdruckwetterlage mit drückender Hitze und nur leichten Winden aus dem westlichen Quadranten hat sich stabilisiert. Im Hafen Colony haben wir einen Wasseranschluß und nutzen die in Kuba seltene Gelegenheit zum Auffüllen unserer Trinkwassertanks und schließlich noch zum Schrubben des Decks. Das schöne hölzerne Stabdeck des Schoners beginnt nämlich auszutrocknen, und damit es nicht reißt und leck springt, spritzen wir es mindestens einmal am Tage naß.

Im Hafen liegt an der Pier ein kleines Motorschiff, auf welches kistenweise grüne Apfelsinen geladen werden. Die Früchte hat ein kleiner LKW antransportiert. Der Lastwagen wäre bei uns die Attraktion auf jeder Oldtimerschau. Es ist ein kleiner Buick; ich schätze das Baujahr auf Mitte der 40er Jahre. Die Karosse, oder was davon übriggeblieben ist, hat jemand liebevoll mit knallroter Farbe gestrichen, und die ehemaligen Chromteile sind weiß abgesetzt. Weil es offensichtlich für den Laster weder Felgen noch Reifen gibt, fährt er heute mit vier unterschiedlich großen Rädern.

Die Apfelsinen, die hier umgeschlagen werden, findet man auf keinem europäischen Markt. Nur ehemalige DDR-Bürger werden sich an die Delikatesse aus Freundesland erinnern. Die Früchte lassen sich nämlich nicht schälen, zumindest nicht so, wie wir es gewohnt sind. Die Schale ist dünn und sitzt dermaßen fest an der Frucht, daß man sie nur mit dem Messer trennen kann. Selbst das klappt meist nur mit Kleckerei und klebrigen Fingern. Denn diese Apfelsinen sind außergewöhnlich süß und saftig. Für die Fruchtsaftindustrie, für die die Apfelsinen einmal angebaut wurden, sind sie ideal. Doch zum gewohnten Verzehr eignen sie sich weniger. Weil die Ostdeutschen damals nur jeweils im Dezember spanische Orangen zugeteilt bekamen und sich in den restlichen elf Monaten mit den Kuba-Apfelsinen herumärgern durften, hießen dort die Früchte „Fidelsinen" oder „Castros letzte Rache".

Wegen der stabilen Wetterlage haben wir uns entschlossen, zur Südküste der Kieferninsel zu segeln. Das wäre bei Wind und Seegang schwierig, weil es dort keinen richtigen Hafen gibt, sondern nur eine niedrige
Felsenküste mit verschiedenen natürlichen Buchten. In den Seekarten
steht an solchen Stellen zwar die Bezeichnung „Caleta", was man als
kleiner Naturhafen oder Schlupfwinkel übersetzen kann. Doch die Caletas an der Südküste der Isla de Pinos sind alle zur See hin offen,
darum wollen wir diesen Törn unserem kleinen Schoner nur bei wirklich ruhigem Wetter zumuten.
Der Archäologe Lopez ist noch mal zu uns an Bord gekommen und gibt
wichtige Ratschläge. Er empfiehlt, auf kürzestem Wege zur Punta Francés zu segeln und sie in sicherem Abstand zu runden, so daß dabei die
Mangroveninseln und der kleine Leuchtturm an Backbord bleiben.
Der Name „Punta Francés" erinnere an die französischen Piraten, die
hier lange Zeit lebten und sich mit ihren meist kleinen Booten zwischen den Cayos versteckten.
Der prominenteste französische Räuber, der hier lebte, war Kapitän
Leclerc. Er soll ein großer und körperlich sehr starker Seemann gewesen sein. Bei einem Kampf gegen die Spanier wurde ihm das linke Bein
von der Kugel einer Kartätsche zerfetzt. Seine Matrosen sägten ihm mit
der Zimmermannssäge das Bein unterhalb des Knies ab und tauchten
die offene Wunde in kochenden Teer. Das war die sicherste Methode,
die Blutung zu stoppen und verhinderte zugleich die Gefahr einer Entzündung. In dem feuchtheißen Klima an der Südküste Kubas konnte
selbst aus der kleinsten Verletzung eine Entzündung entstehen. Und
die führte, da man Antibiotika noch nicht kannte, gewöhnlich zum
Tod.
Seit diesem sicherlich schmerzhaften, aber unter Seeräubern nicht
außergewöhnlichen Zwischenfall trug Leclerc ein Holzbein, welches
ihm der Zimmermann maßgerecht angepaßt hatte.
Da es auf der Isla de Pinos jede Menge bunter Papageien gibt, die von
den Räubern gern gefangen und gezähmt wurden, könnte Leclercs
Erscheinung das Vorbild gewesen sein für die vielen späteren Darstellungen von Piratenkapitänen. Der Archäologe Lopez meint, daß Leclercs Erscheinung vermutlich das Vorbild war für Stevensons literari-
sche Figur des Long John Silver im Roman „Die Schatzinsel".

Die Bucht Leclerc.

Was aus Leclerc geworden ist und ob er Schätze erbeutet und vergraben hat, weiß heute niemand mehr. Zumindest ist dem kubanischen Wissenschaftler keine Quelle bekannt, aus der man etwas erfahren könnte. Dennoch zählt man ihn zu den großen Räubern auf der Schatzinsel. Noch heute erinnern die Namen der Bucht und der Höhle, wo er lebte, an ihn und seine Mannschaft. Es sind dies die Caleta Puerto Francés (deutsch etwa: Unterschlupf-Hafen der Franzosen) und die Caverna Leclerc (die Höhle von Leclerc). Professor Lopez erklärt, dort sei heute unbewohntes Gebiet. Nur noch von See aus könne man die Höhle des Piraten Leclerc erreichen. Dahinter wachse schwer durchdringlicher Urwald, und weder Weg noch Straße führe dorthin.

Lopez sagt, die Höhle des französischen Piraten sei eine besondere Attraktion. Man könne bei ruhigem Wetter mit einem kleinen Boot hineinfahren, vor 300 Jahren sicher noch mit einem kleinen Schiff, denn damals soll der Wasserspiegel mehr als einen Meter tiefer gewesen sein. Das war eines der besten Piratenverstecke, die man sich denken konnte. Man fährt in die Höhle, zieht das Boot auf einen unterirdischen Strand und ist für niemanden mehr zu sehen. Die Höhle ist groß genug, daß eine kleine verschworene Gemeinschaft darin leben kann. Und sie hat zur Sicherheit einen zweiten Ausgang als Fluchtweg in den Dschungel.

Ich frage Lopez, ob man in der Höhle Spuren von Leclerc und seinen Leuten gefunden habe. Der Archäologe grinst nur und sagt: „Es ist ein weitverbreiteter naiver Glaube, man brauche an solchen Stellen nur mit der Schaufel im Sand zu scharren, schon fände man eine Kiste Gold. So steht es in den Kinderbüchern, und auch alle Wracks von Piratenschiffen werden immer mit einer Schatzkiste gezeichnet. Keiner zweifelt daran, daß es auf der Isla de Pinos und im Flachwasser der Küste noch so manchen Schatz zu finden gibt. Doch einen solchen Schatz aufzufinden, setzt monatelange, mitunter jahrelange systematische Sucharbeit voraus. Schon mancher Hobby-Schatzsucher oder Archäologe, ich denke nur an meinen Vater, hat sein Leben lang gegraben und den Goldschatz, dem er auf der Spur war, doch nie gesehen." Nach einer Pause ergänzt der Piratenforscher: „Außerdem hätte der kubanische Staat etwas dagegen, wenn hier Ausländer mit dem entsprechenden technischen Aufwand nach versunkenen Schätzen suchen würden. Man weiß sehr wohl, wieviel Galeonen in der Region verschwunden sind und wieviel Gold möglicherweise noch gehoben werden könnte. Große Bergungsunternehmen aus den USA und Mexiko haben schon angefragt und um eine Lizenz gebeten, hier suchen zu dürfen. Doch die Kubaner lassen keine Fremden die Schätze heben. Entweder sie bergen alles selbst, oder das Gold bleibt da liegen, wo es ist, denn da liegt es am sichersten."

Wir hätten den Archäologen Lopez gern noch ein paar Tage bei uns gehabt, doch er muß zurück zur Universität nach Havanna. Er nimmt darum heute eine Inlandsmaschine, die auf einem kleinen Flughafen in Nueva Gerona, im Norden der Insel, startet. Mit ihm fliegt Wiel Verlinden. Auf ihn warten dringende Termine beim Sender. An Bord der Louisette bleiben neben dem französischen Eignerpaar noch das Filmteam Per, Stephan und Rüdiger sowie Mischa und ich. Nachdem wir unseren Proviant ergänzt haben, stechen wir gegen elf Uhr vom Hafen Colony aus in See, um die Südküste der Schatzinsel zu erkunden. Leider ist der Wind so schwach, daß wir zunächst unter Motor fahren müssen. Nach gut zwei Stunden haben wir die Bucht Siguanea durchquert und runden das kleine Leuchtfeuer Los Cayuelos, das die Untiefen vor dem Kap Punta Francés markiert. Nach dem Kap fahren wir auf dem Karibischen Meer in Richtung Süden, entlang einer schmalen Landzunge, die sich sichelförmig um die Bucht Siguanea schließt. Wir halten etwa eine Meile Abstand vom Land, denn hier verlaufen mehrere Riffe parallel zur Küste.

Auch bei ruhiger See kann man bei genauer Beobachtung die Riffe sehen, die nur knapp unter der Wasseroberfläche liegen und auf denen sich selbst die kleinste Welle bricht. Etwa drei Meilen südlich vom Kap sehen wir die Bucht des Piraten Leclerc und gehen dicht unter der niedrigen Steilküste vor Anker. Die Küste besteht aus einer senkrecht abfallenden grauen Felsformation, die etwa zehn Meter hoch und teilweise von der See unterspült ist. Oben wächst dichtes Gestrüpp, aus dem vereinzelt stehende Kokospalmen in die Höhe schießen.

Mit dem Fernglas erkennt Mischa den Eingang zur Höhle des französischen Piraten. Das Wasser ist dort aber inzwischen so hoch, daß wir nicht wissen, ob wir noch mit dem Beiboot hineinfahren können. Manchmal rollt eine Welle gegen den Eingang der Höhle, dann ist er

Bei der Punta Francés suchen wir die Höhle des Piraten Leclerc.

für Sekunden ganz verschwunden. Aus dem Grunde packen wir
Schnorchel, Flossen und Masken ins Dingi. Das ist ein Drehort für die
Unterwasserkamera. Darum steigt nur Stephan zu mir ins Boot.
Wir sind in wenigen Minuten am Eingang der ehemaligen Piratenhöhle und haben ein wenig Mühe, das Schlauchboot dort festzumachen,
da es mit jeder Welle gegen die Felsen schlägt, die in Wirklichkeit spit-
zes Korallengestein sind. Schließlich geling es uns, das Dingi so tief in
den Eingang der Grotte zu drücken, daß es dort von selbst festklemmt.
Wir springen aus dem Boot und müssen die ersten vier Meter in die
Höhle schwimmen, dann fühlen wir Grund. Es ist weicher Sand. Je
weiter wir hineingehen, desto flacher wird es, und schließlich kommt
ein kleiner unterirdischer Strand. Dahinter macht die Höhle eine Biegung nach rechts. Man braucht keine Lampe, weil das Wasser viel Licht
nach innen reflektiert. Nach der Biegung wird die Höhle größer, und
dort führt ein runder Ausgang wieder ins Freie. In diesem Bereich, der
von der landseitigen Öffnung erleuchtet wird, könnte eine Handvoll
verwegener Freibeuter sicher ganz gut leben.

Höhle Leclerc: eine traumhafte Grotte zwischen Meer und Dschungel.

Ich inspiziere den Ausgang in den Dschungel, ob es hier Spuren der
früheren Bewohner gibt. Doch ich komme in dem dichten Gestrüpp
nur mühsam voran. Dabei fällt mir das Schicksal jenes Piraten ein, der
bei solcher Gelegenheit von einem Krokodil angefallen wurde. Ganz
allein im Urwald fühle ich mich doch sehr unsicher. Darum ziehe ich
mich wieder zurück in die Höhle.
Das kleine Versteck ist so schön, wie man sich ein heimliches Piratennest vorstellt. Und doch bin ich ein wenig enttäuscht, denn außer einer
traumhaften Grotte zwischen Meer und Dschungel gibt es nichts zu
sehen. Ich wäre schon zufrieden, wenn ich hier eine Münze oder irgend
etwas anderes, was die Freibeuter haben liegenlassen, aus dem Sand
kratzen könnte. Es geht mir dabei nicht um den materiellen Wert. Ich
suche einfach einen stummen Zeugen einer vergangenen Epoche. Irgendwie trage ich in mir die Hoffnung, während unseres Aufenthaltes
in Kuba eines Tages noch Schätze zu sehen, von denen ich nicht zu
träumen wagte.
Nach einer Stunde ist Stephan fertig mit den Filmaufnahmen. Wir ver-

abschieden uns aus Leclercs Höhle, die so idyllisch gelegen ist, daß man sich die romantischen Seiten des Piratenlebens bestens vorstellen kann. Auf der LOUISETTE lichten wir den Anker, lassen aber die Segel unten und motoren dicht an der niedrigen Felsküste entlang. Da das Wetter ruhig ist und in diesem Bereich der Grund steil abfällt, können wir der Küstenlinie zum Greifen nahe folgen.

Wir sichten zwei weitere kleine Naturhäfen an der Steilküste, die wiederum eine Höhle haben. Diese sind allerdings nicht mit dem Boot befahrbar, sondern liegen hinter der Küstenlinie an Land. Sie heißen Caleta Pedernales und Caleta Lugo. In den Unterlagen, die mir der Archäologe gab, steht, daß dies ebenfalls Ankerbuchten bzw. Grotten von Freibeutern waren, die nach deren Anführern benannt wurden. Über die Räuberkapitäne Pedernales und Lugo weiß man heute aber so gut wie nichts mehr. Lediglich die Kartographen haben ihr Andenken bewahrt, indem sie über Jahrhunderte ihre Namen auf den Seekarten weitergaben.

Unser nächste Ziel heißt Jacksonville. Der Name klingt nicht zufällig englisch, obwohl wir mitten in einem rein spanischen Sprachgebiet sind. In dem kleinen Ort Jacksonville sollen sich die letzten Nachfahren der englischen Freibeuter niedergelassen haben. Da das erst im vorigen Jahrhundert geschah, hoffen wir, hier noch Spuren oder vielleicht sogar lebende Nachfahren zu finden.

Wir sind uns unsicher, ob wir mit unserem Schoner unmittelbar vor Jacksonville landen können. Die auf der Seekarte eingezeichnete Einbuchtung in der Küstenlinie erscheint uns sehr klein. Wir gehen darum eine Meile davor in der Bucht Caleta Grande vor Anker. Diese Bucht ist so groß, daß eine kleine Flotte darin Platz fände. Hier liegen wir ruhig und sicher und können über Nacht bleiben.

Die Bucht Caleta Grande ist ausnahmsweise nicht von den üblichen grauen Felsen aus abgestorbenen Korallen, sondern von einem feinen Sandstrand umgeben. Ein paar vereinzelte Palmen stehen am Ufer, sonst wächst ringsum etwa drei Meter hohes Gestrüpp. Zu der Bucht führt ein Weg, der mit einem Traktor, möglicherweise auch mit einem hochbeinigen Geländewagen befahrbar ist. Ganz im südlichen Zipfel der Caleta Grande gibt es einen kleinen Wasserarm, der wie ein natürlicher Bootshafen etwa fünfzig Meter zwischen Strand und Mangroven-

Die Piraten ernährten sich hauptsächlich von Meeresschildkröten.

wäldern ins Innere der Insel führt. Dort existiert ein hölzerner Anleger, an dem zwei Fischerboote liegen. Mehr Fahrzeuge passen nicht an den Steg.

Vor dem Anleger haben drei Männer, ein Schwarzer und zwei von europäischer Abstammung, eine Art Tisch aufgebaut, wo sie ihrer Arbeit nachgehen. Der Schwarze holt aus dem Fischerboot verzweifelt mit den Flossen um sich schlagende Meeresschildkröten. Es sind ausgewachsene schöne Tiere, deren Panzer einen Durchmesser von mindestens einem halben Meter hat. Der Mann mit dem freien Oberkörper und blutbeschmierter Hose dreht die ängstlich zappelnden Tiere herum und legt sie verkehrt herum auf den Strand, so daß sie zwar hilfesuchend den Kopf herausstecken und mit den Flossen rudern, aber nicht mehr wegkommen.

Dieses Bild kennt man aus allen Seeräuberbüchern. Die Piraten hatten, um das Fleisch frisch zu halten, die noch lebenden Schildkröten manchmal tagelang umgedreht am Strand liegen lassen. Der Mann, der hier die Schildkröten umdreht und von unserer Anwesenheit kaum

Lebender Proviant: Ein Freibeuter dreht eine Schildkröte auf den Rücken.

Notiz nimmt, ist nicht so grausam zu den Tieren. Er wartet einen Augenblick, bis die verwirrte Schildkröte den Kopf möglichst weit heraus-
streckt, zieht dann die Machete und enthauptet sie mit nur einem Hieb.
Das macht er Schlag auf Schlag wie am Fließband. Die anderen beiden
nehmen den blutenden Kadaver, hacken den Panzer längs auf und
schaben das Fleisch heraus.
Ich sage den Männern, daß ich erstaunt bin, weil hier noch Schildkröten getötet werden. Der ältere von den beiden Hellhäutigen fragt zu-

rück, was daran Besonderes sei. Das Fleisch sei nahrhaft, und hier hätte man schon immer Schildkröten geschlachtet, solange man sich erinnern könne. Es schmecke sogar roh, und ich könne gern ein Stück probieren. Er hält mir ein blutendes und noch warmes Stück Fleisch hin, das ich aber dankend ablehne.

Ob sie außer Schildkröten noch andere Tiere fingen, frage ich, um ins Gespräch zu kommen. Der Fischer sagt: „Die Schildkröten sind eher die Ausnahme, und diese Tiere wurden auch vorher angefüttert. Ansonsten fangen wir alle eßbaren Fische, die es hier gibt. Der größte ist der Schwertfisch, aber der kommt hier nicht so oft vor." Und nach einer Pause fügt er schmunzelnd hinzu: „Manchmal fangen wir auch Goldbarren." – Ich kann es nicht glauben.

„Wie bitte? Goldbarren?"

„Wir hatten schön öfter welche im Netz hängen. Die sind nicht eckig, wie man glaubt, sondern rund. Die meisten sind so groß wie ein kleiner Teller und so dick wie ein Daumen, und alle haben eine etwas unterschiedliche Form. Und das Gold ist so dick von Muscheln bewachsen, daß man das Metall auf den ersten Blick gar nicht erkennt."

„Wo haben sie das Gold gefunden?"

„In der Nähe von Punta Este, bei der Grundnetzfischerei. Da ist das Wasser nur vier Meter tief, und da sollen noch versunkene Piratenschiffe liegen. Das macht uns manchmal große Probleme, denn einmal hatte sich das Netz an einer Kanone verfangen. Da ist das Netz zerrissen, und wir hatten einen großen Schaden."

Ich erkläre den Fischern, daß wir eine Reise auf den Spuren der Piraten unternehmen und frage sie, ob hier in der Umgebung noch Leute leben könnten, die Nachfahren von Piraten sind.

Der alte Hellhäutige lacht und antwortet: „Wir sind hier alle Nachfahren von Piraten!" und schwingt dabei aus Spaß seinen Dolch. „Und wer nicht Pirat war, war ausgebüxter Sklave", sagt der Mann und schmiert dabei aus Spaß dem Schwarzen mit Blut ein Kreuz auf die Brust.

„Und wer kann mir dazu etwas Ernsthaftes erzählen?"

„Du mußt zum alten Jackson gehen, der lebt nicht weit von hier. Seine Vorfahren waren alle Piraten. Deren Schiffe kamen als erste hierher. Seitdem heißt dieser gottverlassene Platz Jacksonville."

„Und wie komme ich dorthin?"

„Du folgst dem Weg auf der Steilküste entlang. Irgendwann siehst du ein paar einfache Hütten. Da wohnen die Schwarzen. Wenn du weiter am Meer entlanggehst, wird die Steilküste höher, und du siehst einen kleinen natürlichen Hafen. Nicht viel größer als euer Schoner. Und da oben, wo man genau auf das Meer sehen kann, stehen sieben Hütten. Da wohnen die Engländer. Frag nach Henry Jackson. Du mußt ihn auf englisch ansprechen. Der alte Jackson ist der Enkel vom Kapitän William Jackson. Der wußte noch genau, was ein Enterbeil ist."

Wir gehen den beschriebenen Weg an der Küste entlang und kommen nach etwa einer Viertelstunde zu einer kleinen Siedlung, die aus einfach gebauten Bohios besteht. Der Name „Bohio" kommt aus dem Indianischen und bezeichnet eine Hütte aus Holz, die mit Palmenblättern gedeckt ist. In diesen Bohios leben, soweit wir das im Vorbeigehen beurteilen können, überwiegend Schwarze. Aber die Kinder sind bunt gemischt. Ich frage ein junges Mädchen mit einem hellhäutigen Säugling auf dem Arm, ob dies schon Jacksonville sei. Sie meint, die Siedlung hieße Cocodrilo, was soviel wie Krokodil bedeutet. Der Name Jacksonville bezeichnet nur eine kleine Gruppe von Hütten, wo die Engländer wohnen. Wir sind auf der richtigen Spur.

Es ist leicht zu erkennen, wo Jacksonville beginnt. Die Häuschen ähneln nicht mehr einer indianischen Hütte, sondern eher einem Bungalow. Trotzdem sind sie klein und niedrig und haben eine Grundfläche von vielleicht 30 Quadratmetern. Umgeben sind sie von kleinen Gärten. Im vorderen Bereich wachsen verschiedene Kräuter, Tomaten, Melonen. Im hinteren Teil stehen Bananenstauden von jener kleinen und wilden Form, wie man sie im Urwald gelegentlich findet.

Ich gehe auf die erste Hütte zu, wo ein großer eiserner Kessel, in dem man für mindestens 20 Mann Essen kochen könnte, steht. Ein älterer Mann schöpft daraus gesammeltes Trinkwasser. Ich schätze den Mann auf 60 bis 70 Jahre, er ist groß, schlank und kräftig. Sein glatt nach hinten gekämmtes Haar ist ergraut, und er trägt einen grauen Stoppelbart. Auffällig sind seine hohe Stirn, die Hakennase und seine hellblauen Augen. Nur seine Hautfarbe paßt nicht ganz zu der Erscheinung, da sie einen rötlichen Schimmer hat.

„Good afternoon, I'm looking for Mister Henry Jackson", begrüße ich den Alten.

Henry Jackson, Urenkel englischer Freibeuter.

„Yes Sir, here I am", antwortet er und ist sichtlich erstaunt, daß ihn an diesem Ende der Welt jemand in seiner Muttersprache anspricht. Er lädt uns in seine Hütte ein, die aus zwei kleinen Räumen besteht. In dem größeren, von dem aus man aufs Meer sehen kann, befinden sich zwei selbstgezimmerte hölzerne Liegen. Im kleineren Vorraum, in dem er uns gebietet, Platz zu nehmen, stehen ein hölzerner Tisch, eine Bank und zwei Hocker. Per, Rüdiger, Stephan und ich suchen uns eine Ecke zum Sitzen, womit der Raum brechend voll ist. Mischa findet nur noch einen Stehplatz am Eingang.

Eine ältere Frau, die uns ebenfalls auf englisch begrüßt, bietet uns etwas zu trinken an. Dazu stellt sie jeweils für zwei Gäste einen kleinen Blechnapf auf den Tisch und entschuldigt sich, daß sie nicht für jeden ein Glas habe. Es sei sehr selten, daß sie besucht würden. Mit einem Tonkrug schöpft sie Wasser aus dem eisernen Kessel, der neben dem Eingang steht, und serviert es uns.

Ich frage Henry Jackson, wo man hier im Urwald einen so schönen großen Wasserkessel finden könne. Der alte Jackson schmunzelt und sagt, das schöne Stück sei noch vom Schiff seines Großvaters. Der war 1889 hierhergekommen, mit einem Schoner, und seine Familie und die Familien seiner Matrosen waren alle dabei. Er kannte diesen Küstenabschnitt, und hier war gutes Land, und es gab alles, um ein neues Leben anzufangen: einen natürlichen Hafen, Trinkwasser, Fische und Schildkröten im Meer sowie Krokodile, Leguane und verwilderte Rinder im Urwald.

„Warum sind die Engländer zur Isla de Pinos gekommen und haben hier ein neues Leben angefangen?" will ich wissen.

„Zur Zeit meines Urgroßvaters", erzählt der alte Jackson, „an den ich mich aber nicht mehr erinnern kann, weil ich da noch zu klein war, hatten es die Engländer hier schwer. Hier war alles spanisch. Und die Engländer, die früher hier lebten, waren Sklavenhändler, Schmuggler oder Seeräuber. Fast alle meine Vorfahren waren Piraten. Gegen die Spanier. Verstehst du?"

„Und dann haben sie sich hier niedergelassen? Die Insel gehörte doch auch zum spanischen Gebiet …"

„Mein Großvater William war schon kein Räuber mehr. Das war er vielleicht als Kind, als er als Schiffsjunge bei meinen Urgroßeltern segelte.

Am historischen Ort: Hier landeten Henrys Piraten-Vorfahren.

Die gingen zuerst zu den Caymaninseln, wo viele Engländer lebten. Als sich William und seine Mannschaft auf der Schatzinsel niederließen, waren sie keine Piraten mehr, nur noch Seeleute und Fischer."
„Und wer waren die letzten Piraten aus Ihrer Familie?"
„Die letzten Piraten? Mein Urgroßvater mütterlicherseits, der war ein richtiger Pirat. Und auch der Vater von meinem Großvater William. Der war Kapitän und hatte einen Zweimaster mit Kanonen. Aber den hatte er nicht gekauft, sondern geraubt. Welches Handwerk ein Engländer damals mit solch einem Schiff ausübte, hier in der Karibik, das kannst du dir ja denken."
Henry Jackson ist aufgestanden und sagt: „Kommt mit mir, ich zeige euch, wo damals unsere Schiffe gelandet sind." Wir folgen dem Alten um seine Hütte herum in Richtung Meer. Als er an dem alten Wasserkessel vom Schiff seiner Ahnen vorbeigeht, streicht er mit seiner knorrigen Hand liebevoll über das rostige Stück, als sei es eine Reliquie.
Wir überqueren einen Weg und kommen zu einer niederen Steilküste aus dem hier üblichen Korallenkalk. An einer Stelle hat das Meer in

Jahrtausende währender Arbeit einen fast kreisrunden kleinen Hafen in die Küste gewaschen. Der Unterschlupf bietet Platz für zwei bis drei Schoner. Die Reste von baumdicken hölzernen Festmachedalben erinnern daran, daß hier einmal Schiffe angebunden wurden.

Henry Jackson setzt sich auf den Felsen über der Bucht, blickt in Richtung der tiefstehenden Sonne hinaus aufs Karibische Meer und meint: „Hier waren sie angekommen, mein Großvater William und seine Männer. Und darum sitze ich hier am liebsten. Mit ihm kamen neun andere Familien. Sieben von ihnen leben noch hier in Jacksonville. Die anderen haben sich mit den Kubanern vermischt. Meine vier Kinder sind auch schon keine Engländer mehr. Sie zogen nach Havanna und reden spanisch, sie sind alle Kubaner geworden. Wenn wir Alten einmal weg sind, wird es keine Nachfahren der englischen Seeräuber mehr geben."

Während Henry Jackson auf die ins Meer versinkende Sonne starrt, frage ich ihn, warum er, trotz aller äußeren Merkmale englischer Abstammung, eine rote Haut habe. Der alte Jackson lächelt und sagt: „Unsere Vorfahren kamen schon im 17. Jahrhundert hierher. Damals gab es viele Piraten, aber nur wenige Frauen. Da haben sich unsere Leute Indianerinnen genommen. Deshalb haben manche von uns etwas rötliche Haut, vielleicht kommt es aber auch von der Sonne."

Der Nachfahre der Piraten wirkt trotz seiner ärmlichen Lebensverhältnisse ausgeglichen und zufrieden. Ich frage ihn, ob er wisse, was aus den Schätzen geworden sei, die seine Vorfahren den Spaniern abgenommen haben.

„Meinst du das Gold und das Silber? Das hat immer Streit gebracht. Das meiste liegt im Meer, ist abgesoffen mit den Männern, die darum kämpften. Ich glaube nicht, daß wir das brauchen. Wir haben genug zu essen, und Fidel hat sogar einen Weg durch den Dschungel bauen lassen. Da kommt einmal im Monat ein Arzt und besucht die Alten und die Kranken. Er behandelt jeden gleich, egal ob er Schwarzer ist oder Engländer. Und man braucht nichts dafür zu geben."

Das Abendrot färbt das Meer, den Felsen und den alten Jackson glutrot. Der letzte lebende Urenkel einer verschworenen Gemeinschaft kneift die Augen leicht zusammen und sagt mit starrem Blick auf das Meer: „Das Gold soll da bleiben, wo es ist. Ich brauche es nicht."

Reise nach Punta Este

Nach einer Nacht vor Anker in der Caleta Grande bei Jacksonville setzen wir gleich nach Sonnenaufgang die Segel. Es ist so warm, daß wir in kurzer Hose und T-Shirt an Deck arbeiten. Wir wollen an einem Tag den Süden der Kieferninsel runden und bis zum Abend Punta Este, den östlichsten Zipfel von Isla de Pinos, erreichen. Bis dahin sind es etwa 38 Seemeilen. Bei einer durchschnittlichen Fahrt von sechs Knoten werden wir also sechs bis sieben Stunden benötigen. Der Wind weht eher schwach als ausreichend und kommt aus Ost, also leider dorther, wo wir hinwollen. Seegang haben wir nicht, nur eine leichte Dünung, die das Schiff regelmäßig wiegt. Wir setzen alle vier Segel und versuchen, hart am Wind einen Kurs von etwa 140 Grad zu fahren. Bis auf Höhe Jacksonville gelingt uns das ganz gut. Zu unserem Erstaunen steht dort ein Mann auf dem Felsen und winkt mit einem weißen Tuch. Ich sehe durch das Fernglas und erkenne den alten Jackson. Was wird der wohl fühlen, wenn er an dieser Küste einen Schoner segeln sieht? Wir können unseren Kurs nur noch zwei Meilen halten. Am Cabo Pepe ist Schluß. Wir müssen jetzt einen Kurs von 95 Grad fahren, und der Wind kommt genau auf den Kopf. Da wir möglichst dicht an der Küste bleiben wollen, um viel zu sehen, nehmen wir die Segel herunter und starten den Diesel. Das erwähnte Cabo Pepe ist wiederum nach einem Piraten benannt. Pepe war ein spanischer Freibeuter, der die Schiffe der eigenen Königin beraubte. Auch das hat es gegeben. Unweit vom Kap existiert eine Bucht mit mehreren Höhlen, in denen Pepe und seine Männer lebten.
Ich habe so etwas an noch keiner anderen Küste der Welt gesehen, daß sich ein ehemaliges Piratennest an das andere reiht. Archäologen werden hier auf Jahrzehnte hinaus ein reiches Betätigungsfeld haben. Und die Fragen nach dem Verbleib der immensen Mengen an Edelmetall,

Leuchtturm Carapachibey an der Südspitze der Isla de Pinos.

die einst vor den Küsten Kubas verschwanden, sind bis heute noch nicht ausreichend geklärt. Ganze Schiffsladungen voll Gold und Silber können nicht für immer verschwinden. Irgendwoher nehme ich die Zuversicht, daß ich hier eines Tages etwas von den Schätzen der „goldenen Zeit" in den Händen halten werde.

Gegen Mittag erreichen wir den Leuchtturm Carapachibey, der den südlichsten Punkt der Kieferninsel markiert. Ab hier ist es mit dem ruhigen Wasser zu Ende, und wir haben vier bis fünf Windstärken und Seegang genau gegenan. Anderthalb Meilen östlich vom Leuchtturm liegt die Einfahrt in einen größeren Naturhafen mit Namen Caleta de Agustin Jol. Es kann nicht anders sein: Auch dieser Hafen war ein Piratenstützpunkt. Hier lebte sogar ein in Europa nicht ganz unbekannter Freibeuter, der Holländer Agustin Jol, der wie der Franzose Leclerc ein Holzbein trug.

Jol muß ein erfolgreicher Pirat gewesen sein, denn er hatte eine Flotte von vier Schiffen und über einhundert Mann unter seinem Kommando. Der Naturhafen der Holländer ist im Vergleich zu den bisher gesehenen Caletas groß und führt tief in den Urwald hinein. Nur die Einfahrt ist sehr schmal. Ich klettere in den Mast hinauf bis zur Saling und sehe etwa eine Meile nördlich von der Caleta noch eine große Lagune im Urwald. Das müßte die Lagune der Bukaniere sein, von der der Archäologe Lopez berichtet hatte. Insofern wäre es schon spannend, den Hafen des Piraten Agustin Jol anzusteuern.

Ich erkläre Daniel mein Vorhaben. Unser Skipper sagt, er wolle es mit langsamer Maschinenfahrt versuchen. Susann ist davon überhaupt nicht begeistert und meint, es sei viel zuviel Wind und Seegang, um in ein so enges Schlupfloch zu fahren. In keiner Karte und keinem Seehandbuch steht, wie der Pirat damals seinen Hafen ansteuerte. Wir halten jetzt genau nach Norden auf die Einfahrt zu. Sie ist wirklich extrem schmal, und die See steht genau quer. Aber hinter der schmalen Passage sieht man einen großen Naturhafen, in dem das Wasser total ruhig ist. Das holländische Holzbein hatte sich einen schönen Flecken Natur ausgesucht. Mischa klettert auf den Klüver, um während der Einfahrt den Untergrund zu beobachten.

Der Bug unseres Schoners ist nur noch ein bis zwei Schiffslängen von der schmalen Fahrrinne in den Piratenhafen entfernt, da schreit Mischa: „Stop! Schnell zurück! Eine Sandbank!" Daniel stoppt die LOUISETTE auf und dreht nach Steuerbord ab ins freie Wasser. Wir hätten keine Chance gehabt, die Caleta de Agustin Jol anzulaufen. Direkt vor der Einfahrt hat sich eine schmale Sandbank gebildet. Da heißt aber auch, daß hier jahrzehntelang kein Schiff mehr war. Es muß also besonders reizvoll sein, diesen verlassenen Ort aufzusuchen und nach Spuren der Vergangenheit zu forschen. Wo einst dermaßen große Piratenflotten lagen, muß es noch viel zu entdecken geben. Doch in diesem Moment, mit der LOUISETTE, haben wir keine Chance.

Daniel wischt sich symbolisch den Schweiß von der Stirn. Da unserem Skipper diese Aktion verständlicherweise nicht gefiel, vereinbaren wir, daß er in den nächsten Stunden so weit auf See hinausfahren kann, wie er will. Erst bei Punta Este, dem östlichsten Punkt der Kieferninsel, wollen wir wieder dicht unter Land gehen. Dort müssen wir uns einen Ankerplatz für die Nacht suchen.

Gegen 17 Uhr erreichen wir Punta Este, die den östlichsten Punkt der Schatzinsel bezeichnet. Per ist begeistert, denn er hat das beste Nachmittagslicht zum Filmen. Südlich vor Punta Este gibt es einen großen geschützten Ankerplatz. Im ersten Moment sieht man nicht, daß die zur See hin offene Wasserfläche südlich vom Kap ein geschützter Ankerplatz sein kann. Es handelt sich hier nicht um eine Bucht. Der Schutz zur offenen See besteht aus einem Korallenriff, das bis knapp unter die Wasseroberfläche gewachsen ist und sich wie eine Mole um den Ankerplatz schließt. Das Problem ist nur, die Durchfahrt durch das Riff zu finden. Wir haben etwas Wind und Seegang und sehen schon von weitem, wie sich donnernd die Wellen am Riff brechen. Daniel gefällt dieser Ankerplatz schon beim Anblick von weitem überhaupt nicht. Vor allem mag er nicht durch eine kleine Passage im Korallenriff fahren.

Mischa, der schon einmal mit einem Katamaran in dieser Gegend war, schlägt uns darum einen alternativen Liegeplatz vor: Wir sollen Punta Este zunächst umrunden und dann von Norden an das Kap heranfahren. Dort können wir eine andere Bucht ansteuern, die einerseits von Punta Este, andererseits von einer langgezogenen Mangroveninsel begrenzt wird. Da sei es ruhiger, und es gäbe unter Wasser keine Korallenriffe. Nur die Tiefe sei nicht allzu reichlich, vielleicht zweieinhalb Meter oder weniger, aber in der Nähe von Mangroven sei der Untergrund immer weich. Das gefällt Daniel schon besser.

In ausgesprochen langsamer und vorsichtiger Fahrt mit Ausguck auf dem Klüver steuert der Skipper von Norden her den von Mangroven geschützten kleinen Hafen vor Punta Este an. Es wird stellenweise so flach, daß sich der Kiel des Schoners durch den Untergrund wühlt. Kann sein, daß wir auch nicht das richtige Fahrwasser erwischt haben. Tonnen oder andere Markierungen sehen wir nicht. Schließlich gelingt es uns, den Schoner mit seinen 1,80 Meter Tiefgang bis ins Innere des Naturhafens zu bugsieren und mit dem Vorschiff an einem kleinen Holzsteg festzumachen, während wir nach achtern einen Heckanker ausbringen. Außer uns liegt hier nur noch ein hölzerner Fischerkahn, auf dem wir aber niemanden sehen.

Es ist 17 Uhr, und wir gehen an Land, um uns Punta Este anzusehen. Der kleine Naturhafen zwischen dem östlichsten Punkt der Schatzinsel und einem schützenden Mangrovengürtel ist in Nord-Süd-Richtung etwa vierhundert Meter lang und dabei ca. 80 Meter breit. Aufgrund seiner natürlichen Struktur ist er ringsum bei jedem Wind und Wetter

Der Naturhafen Punta Este: Früher ankerten hier Freibeuter.

geschützt, trotz seiner zwei Zufahrten. Die eine von Süden führt in jene große Ankerbucht, welche durch einen Ring von Riffen geschützt ist. Die Einfahrt von Norden führt durch die flachen Gewässer zwischen den Mangroven hindurch.

Innerhalb des Naturhafens liegt ein traumhaft schöner Sandstrand. Das Wasser ist so kristallklar, daß man augenblicklich hineinspringen möchte. Und es herrscht eine atemberaubende Stille. Keine Autostraße, kein Rasenmäher, kein Jet-Ski, kein Flugzeug. Unglaublich, daß es so etwas noch gibt. Nur das gleichmäßige Rauschen der Brandung über dem nahen Riff ist zu hören. Und gelegentlich krächzt ein Papagei aus dem Urwald. Punta Este ist rundum ein Paradies, wie es paradiesischer kaum sein kann.

Hier könnte man sich gut eine Marina für Sportboote vorstellen. Oder lieber nicht? Dann wäre es sicher um die Idylle geschehen. Auch das ist also Kuba. Auf der von der übrigen Welt isolierten letzten Insel des Kommunismus haben sich Dinge erhalten können, die anderswo zerstört worden sind mit Hotelburgen, Parkplätzen und Schwimmstegen.

Unser aus Halle stammender Kameramann Rüdiger, der nach seiner Ausreise aus der DDR auf Jamaika lebte und außer Kuba die ganze Karibik kennt, ist begeistert: „Solche traumhaften Plätze findest du in der übrigen Karibik nicht mehr. In Punta Este sollte man leben und den ganzen Scheiß vergessen, mit dem wir uns tagtäglich herumschlagen. Das hier ist wahrhaft eines der letzten Paradiese."

Ein solcher Naturhafen am östlichsten Punkt der Isla de Pinos muß zwangsläufig auch ein Ort gewesen sein, den die Freibeuter zu nutzen wußten. Angeblich soll hier die Flotte von Francis Drake Station gemacht haben, nachdem sie 1595 von dem spanischen Admiral Delgadillo aus der Siguanea vertrieben wurde. Der von See aus nicht zu sehende und auch nicht leicht anzusteuernde Naturhafen war den englischen Räubern bekannt. Hinweise auf die Piraten fand man jedoch von hier aus knapp einen Kilometer landeinwärts. Dort soll es eine große Höhle geben, in der lange Zeit Piraten lebten bzw. Lebensmittelvorräte frisch hielten. Wie vielerorts soll die Höhle vorher von den Indianern bewohnt gewesen sein und heißt darum „Caverna de los Indios". An Wänden und Decken sollen noch Zeichnungen an die früheren Bewohner erinnern. Wir packen Foto- und Filmausrüstung zusammen und machen uns auf den Weg zur Höhle.

Von Punta Este führt ein schmaler Weg etwas bergauf zu einem Hügel, auf dem eine angeblich meteorologische Station steht. Sie steht völlig einsam an dieser äußersten Spitze der Insel. Bis zur nächsten menschlichen Ansiedlung sind es von hier aus gut zwei Stunden Fahrt mit einem Geländewagen auf schlechtem Weg durch den Urwald. Und wenn es regnet, ist die Station völlig abgeschnitten, weil dann der Weg unter Wasser steht.

Ich bin diese Urwald-Piste früher schon einmal mit einem Jeep gefahren und erinnere mich sehr wohl daran. An einer Stelle standen wir mit dem Wagen plötzlich vor einem See, und keiner wußte, wo genau die befestigte Fahrspur durch das Wasser ging. Ich zog Hose und Schuhe aus, bewaffnete mich mit einem Knüppel und ging wenige Schritte vor dem Wagen her und gab dem einheimischen Fahrer Anweisungen, wohin er zu steuern hatte. Plötzlich hielt der Fahrer an und rief mir zu: „Komm jetzt ganz schnell, aber ohne Wellen zu machen, zurück und spring auf die Motorhaube!"

Ich reagierte sofort und sprang auf den Wagen. Auf der Motorhaube hockend, sah ich dann den Grund seiner Besorgnis: Ganz dicht neben unserem Weg guckten zwei große Augen aus dem dreckigen Wasser. Von meinem sicheren Standpunkt aus tippte ich mit einem langen Knüppel leicht auf das Maul des Krokodils. Es schloß dabei zeitweise seine Augen, so als würde es die Berührung als Liebkosung empfinden. Plötzlich gab es einen lauten Schlag, als ob eine Stahltür ins Schloß fällt. Das Krokodil hatte zugeschnappt, und von dem dicken Knüppel fehlten 30 Zentimeter. Nach diesem Erlebnis kletterte ich über die Frontscheibe in den Jeep und schlug meinem einheimischen Begleiter einen Fahrerwechsel vor.

Doch zurück zur Wetterstation. Ich hatte sie von See aus mit dem Fernglas beobachtet und mich gewundert, daß man in einem Land mit doch sichtbaren wirtschaftlichen Nöten einen so gewaltigen Aufwand betreibt, um auf einem abgelegenen Punkt das Wetter zu beobachten. Auch erinnerten mich die Antennen an die sogenannten Funkmeßtürme an der DDR-Küste. Und von da aus wurde bekanntlich alles andere beobachtet, nur nicht das Wetter.

Wir schleppen unsere Ausrüstung den schmalen Weg in Richtung der Station, weil kurz davor ein seitlicher Abzweig zur Piratenhöhle führt. Nach etwa zehn Minuten stehen wir vor der Höhle.

Ich staune nicht schlecht, als ich in dieser Einöde einen Jeep stehen sehe, in dem zwei Männer rauchend sitzen. Es sind der Archäologe Lopez und ein etwas dicker Mann um die Dreißig mit Schnauzbart und in ziviler Kleidung. Er stellt sich vor als Vertreter der Nationalparkverwaltung. Er gibt jedem von uns ein Formular, das wir mit allen Personalien ausfüllen müssen. Sogar Namen und Berufe der Eltern fehlen nicht. Der Grund sei, daß wir eine Genehmigung zum Aufenthalt im Urwald benötigten, weil der gesamte Südteil der Kieferninsel Nationalpark sei. Der Verwalter wolle das für uns alles großzügig regeln.

Rüdiger sagt dazu auf deutsch, was die beiden Kubaner nicht verstehen: „Ich möchte in diesem Paradies doch nicht leben, solange es hier Leute gibt, die immer wieder solchen Zirkus machen. Gebt ihnen Papier und Stempelfarbe, und schon geht nichts mehr."

Nachdem wir die Formulare ausgefüllt haben, sammelt der angebliche Nationalparkverwalter die Zettel ein und schreibt in einer aufwendigen

In der Piratenhöhle Punta Este.

Zeremonie alle Angaben noch einmal ab. Da er unsere schnell hinge-
kritzelten Namen und Anschriften natürlich nicht entziffern kann,
dauert und nervt das ohne Ende. Und das passiert uns während der
Zeit des schönsten Abendlichtes. Als der Mann endlich fertig ist, sagt
er, jetzt bekomme er noch von jedem von uns zehn Dollar.
Rüdiger lästert: „Jetzt begreife ich endlich das kubanische Wirtschafts-
wunder. Aus einem Fetzen schäbigen Papiers zaubern sie Zehn-Dollar-
Noten." Uns bleibt nichts anderes übrig, als den selbstgemachten Preis
zu zahlen. Dann dürfen wir in die Höhle.
Für mich ist es nicht durchschaubar, warum die zwei Kubaner solch
einen Aufwand betreiben, um uns am äußersten Landzipfel zu suchen.
Und warum ist der Archäologe dabei? Sind die Nationalparkvorschrif-
ten wirklich so streng? Oder ist es ausgekochte Abzockerei? Oder haben
sie etwa Angst, daß wir heimlich nach vergrabenen Schätzen suchen?
Wir werden es nicht herausfinden. Andererseits bin ich ganz froh, daß
der Wissenschaftler Lopez bei uns ist. Er weiß viel mehr, als in allen
Büchern über die Schatzinsel geschrieben steht.

Professor Lopez erklärt die Höhlenzeichnungen (oben); sie stammen noch von den Indianern, die vor den Piraten hier lebten.

Die Piratenhöhle bei Punta Este hat einen großen bogenförmigen Eingang, der etwa zehn Meter in der Breite und vier Meter in der Höhe mißt. Im Innern verjüngt sie sich trichterförmig und endet nach etwa 25 Metern in einem niedrigen dunklen Gang. Lopez erklärt, keine andere Höhle auf der Insel enthielte noch so viele Spuren von den ehemaligen Bewohnern.

Der Archäologe weist mich im Innern der Höhle auf zwei kreisrunde Öffnungen in der Decke hin. Die Durchbrüche sind so groß, daß gerade ein Mann hindurchpaßt und führen nach oben in den Urwald. Für diese kreisrunden Löcher gibt es drei verschiedene Theorien: Erstens könnten es natürliche Auswaschungen im Gestein sein. Die zweite Theorie besagt, daß die Indianer die Löcher für die Beobachtung des Himmels angelegt haben. Und schließlich könnten die Durchbrüche auch von den Seeräubern stammen. Denn wenn sie sich im Verteidigungsfall in der Höhle verschanzten, saßen sie hier wie Mäuse in der Falle. Durch die kleinen kreisrunden Ausstiege konnten sie in den Dschungel fliehen.

Neben den Löchern in der Höhlendecke sowie an den Wänden entdecken wir jede Menge alter Zeichnungen. Teilweise sind sie sogar noch farbig. Dargestellt ist meistens ein kleiner Kreis als Zentrum, um den herum kreisförmige oder elliptische Ringe gemalt sind. Auf den Ringen sitzen wiederum kleine Kreise. Es könnten die Planeten eines Sonnensystems sein, denn um diese Planeten herum sind auf kreisrunden Bahnen ein oder mehrere Monde plaziert. Lopez sagt, diese Darstellungen stammen von Indianern aus vorkolumbianischer Zeit und wären einzigartig in der Karibik.

Wissenschaftler gehen davon aus, daß die englischen Piraten diese Höhle schon im 16. Jahrhundert kannten. Wie lange die Räuber mit den Indianern hier noch gemeinsame Sache machten und wie lange die Ureinwohner hier überleben konnten, sei bis heute nicht erforscht worden. Die Reste von Feuerstellen stammen alle aus späteren Jahrhunderten und werden den Freibeutern zugeordnet. Es hat auch hier noch nie eine systematische Spurensuche und auch keine Grabungen gegeben.

Der Archäologe sagt, man habe sich zunächst mit den Höhlenzeichnungen beschäftigt, welche schon Rätsel genug seien. Vor dem Eintreffen des ersten spanischen Schiffes war dieser Teil der Karibik nur dünn mit Ureinwohnern besiedelt. Es gab hier weder ein großes und zentral verwaltetes Indianerreich noch eine solche Hochkultur wie auf dem Festland in Mittel- und Südamerika. Es sei darum nur schwer erklärbar, warum hier auf der Insel, in einer Höhle neben einem Naturhafen, Sonnensysteme mit Planeten und Monden dargestellt worden sind.

In Punta Este befand sich weder ein wirtschaftliches noch ein geistiges Zentrum der Indianer. Die Ureinwohner auf Isla de Pinos lebten als Jäger und Sammler auf einer relativ niederen Stufe in kleinen Sippen, hatten also noch nicht einmal so etwas wie einen Staat. Es ist nur schwer vorstellbar, daß ein solches Urvolk schon über ein heliozentrisches Weltbild mit Planetenbahnen und Monden verfügte.

Nachdem mir der Archäologe Lopez die Zeichnungen erklärt hat, fragt er mich: „Kannst du dir vorstellen, daß die skandinavischen Wikinger auf ihren Amerikareisen vor tausend Jahren bis hierher gekommen sein könnten?"

„Das ist eine sehr kühne Fragestellung. Ich weiß nur, daß sie über Neufundland bis Long Island, wo heute New York liegt, gekommen sind. Einige Theoretiker behaupten, die Wikinger hätten die Mündung des Mississippi erreicht."

„Die Mississippi-Mündung", sagt Lopez, „liegt auf dem 30. Breitengrad. Wir sind jetzt auf 21 und einem halben Grad nördlicher Breite. Achteinhalb Breitengrade, also 510 Seemeilen, das dürfte für die Seefahrer aus dem Norden kein Problem gewesen sein."

„Worauf stützt du diese Theorie?"

„Das ist keine Theorie, nur ein Gedanke. Ich komme darauf, weil ich in den Niederschriften der frühen Konquistadoren auf Beschreibungen von außergewöhnlichen Indianerstämmen gestoßen bin. Man spricht dort von Riesen, die also deutlich größer waren als die Spanier. Angeblich hatten diese Indianer helle Haut, blondes Haar und trugen lange Bärte.

Wer waren diese Riesen? Die Indianer dieser Region sahen ganz anders aus: klein, gedrungen, dunkle Haut und schwarzes Haar. Also müssen die Riesen ganz woanders hergekommen sein. Es gibt nur ein Volk, auf das die Beschreibung paßt und das vor Kolumbus zu solchen Reisen fähig war: die Wikinger."

„Dieser Theorie nach wären also Wikinger, die sich hier niedergelassen hatten, die Autoren oder zumindest die geistigen Väter dieser astronomischen Berechnungen."

„Ich wage das nicht zu behaupten", meint der Archäologe, „aber ich will diese gewiß sehr kühne Variante auch nicht ausschließen."

Nach der Besichtigung der Höhle verschwinden Lopez und der Nationalparkverwalter mit ihrem Jeep auf einem schmalen Weg in Richtung Westen. Es ist schon 18 Uhr, und sie müssen sich sehr beeilen, in den verbleibenden anderthalb Stunden bis zum Einbruch der Dunkelheit zur nächsten menschlichen Siedlung zu kommen. Eine Nachtfahrt durch den Urwald ist nicht gerade empfehlenswert. Ich sehe ihnen nach, bis der kleine Wagen vom dunklen Grün verschluckt wird und man nur noch das Kreischen der Papageien hört.

In unserem paradiesischen Naturhafen Punta Este erleben wir einen traumhaften Abend. Wir springen in das kristallklare Wasser und schnorcheln über schneeweiße Sandbänke bis zum Korallenriff, wo Fische, Polypen und Korallen ein Feuerwerk von Farben zaubern. Zurück an Bord beobachten wir, wie die Sonne im grünen Dickicht des Dschungels versinkt. Und wir genießen es, einen der schönsten Plätze der Welt ganz für uns allein zu haben.

Segeltörn nach Cayo Largo

Bei strahlendem Sonnenschein, tiefblauem Himmel ohne den kleinsten Wolkenfetzen, 35 Grad im Schatten und 29 Grad Wassertemperatur verlassen wir das Paradies Punta Este. Wir haben einen traumhaften Flecken auf dieser Welt gefunden, doch wir sind nicht in der Lage, ihn zu genießen, weil wir uns von Terminen hetzen lassen. Punta Este und die schöne Isla de Pinos überhaupt mit ihren vielen ehemaligen Piratennestern sind uns ans Herz gewachsen. Alle von uns wollen aus irgendeinem Grund noch einmal wiederkommen. Per und Rüdiger möchten in Jacksonville noch einmal die Nachfahren der englischen Piraten besuchen und filmen, wie sie sich ohne schwarze Flagge und Enterbeil durchs Leben schlagen. Stephan will hier ausgiebig tauchen. Und schließlich würde ich gern dabeisein, wenn kubanische Archäologen sich eines der Piratenverstecke vornehmen und dort systematisch in Ausgrabungen nach Spuren und möglicherweise den verlorenen Schätzen suchen.

Doch wir haben eine Vereinbarung mit den Schiffseignern Daniel und Susann sowie dem Vercharterer, daß sie uns den Schoner LOUISETTE nur für eine bestimmte Zeit zur Verfügung stellen. Und diese Zeit läuft in wenigen Tagen ab. Dann müssen wir den liebgewonnenen kleinen Windjammer, der für uns viele Wochen lang ein urgemütliches Zuhause war, in Cayo Largo abgeben.

Die Sonneninsel Cayo Largo liegt 60 Meilen in östlicher Richtung vor uns. Sie heißt deswegen Sonneninsel, weil sie angeblich das Eiland mit der statistisch längsten Sonnenscheindauer in der ganzen Karibik sein soll. Auf Cayo Largo hat Mischa eine Zweitwohnung neben der Charterbasis, die von ihm betreut wird. Theoretisch könnten wir es schaffen, bis heute abend dort zu sein. Doch wir wollen noch nicht auf die Touristen-Insel. Da das Wetter absolut ruhig und die Lage sehr stabil ist, müssen wir in der Nacht nicht unbedingt in einem sicheren Hafen liegen. Wir beschließen darum, nur 23 Seemeilen weit bis Cabezo Sambo zu fahren und uns dort unter Wasser umzusehen.

Zwischen Punta Este und Cayo Largo erstreckt sich in West-Ost-Richtung eine Kette von etwa 60 kleinen und meist flachen Inseln, die den Namen Archipiélago de los Canarreos trägt. Südlich der Inselgruppe fällt der Meeresgrund schnell steil ab und erreicht Tiefen von über viertausend Metern. Nördlich des Archipiélago de los Canarreos liegen die Wassertiefen nur noch zwischen zwei und sieben Metern. Die Kette der kleinen Inseln, zwischen denen es einige Durchfahrten gibt, war für Seefahrer immer tückisch. Doch ganz besonders tückisch ist Cabezo Sambo, ein winziges Inselchen, das sich über einer Korallenbank erhebt. „Cabezo" heißt kleiner Hügel.

Cabezo Sambo ist deswegen besonders tückisch, weil er nicht in der Kette des Archipels liegt, sondern etwa sechs Meilen südlich davon, also im Tiefwasserbereich. Als hier noch spanische Galeonen segelten, hatte man längst nicht so genaue Seekarten, wie wir sie heute kennen. Andererseits fuhren die spanischen Kapitäne damals aus navigatorischen Gründen gern in Sichtweite zum Land, soweit das machbar war. Segelte nun eine Galeone parallel zum Archipiélago de los Canarreos, dann bestand ein nicht geringes Risiko, nachts oder bei schlechter Sicht auf Cabezo Sambo zu treffen.

So erklärte es mir ein kubanischer Kapitän, als er mir vor einem Jahr diese Stelle rot in meiner Seekarte markierte. Dies soll die Erklärung sein, warum es in der Umgebung von Cabezo Sambo jede Menge Anker und von Korallen zugewachsene Reste spanischer Galeonen zu sehen geben soll.

Während Daniel die LOUISETTE unter Maschine aus dem Hafen von Punta Este manövriert, machen Stephan, Mischa und ich die Tauchausrüstungen klar. Eine bleierne Flaute liegt über der blauen See, und wir müssen die 23 Meilen nach Cabezo Sambo unter Maschine fahren. Am frühen Nachmittag erreichen wir das Inselchen, welches nicht mehr ist als ein Stück Korallenbank, das wenige Zentimeter über die Wasseroberfläche hinaus gewachsen ist und vielleicht fünfzig Meter im Durchmesser mißt. Es bedarf nur eines geringen Seegangs, und das Cabezo Sambo wäre überspült. Die große Inselkette Los Canarreos im Norden

Bordalltag auf der LOUISETTE: *Das Segelsetzen kostet Kraft (oben), dagegen ist das Rudergehen mit einer Hand zu bewältigen.*

Mangroven säumen die Cayos an der Südküste Kubas.

ist von hier noch soweit entfernt, daß wir sie am Horizont nur erahnen können. Unter diesen Umständen wird klar, daß die weit südlich und damit am Schiffahrtsweg gelegene Mini-Insel manchem unkundigen Seemann zum Verhängnis wurde.

Wir legen die LOUISETTE nördlich von Cabezo Sambo vor Anker. Sollte es in der Nacht unruhig werden, lägen wir geschützt hinter dem Riff. Nachteilig ist nur, daß wir erst um die Insel herumschnorcheln müssen, um den angeblichen Schiffsfriedhof zu erreichen. Mischa und ich suchen auf der Seekarte die Stelle, wo ein aus Südosten, also vom amerikanischen Festland, kommendes Schiff auf die Insel krachen würde. Vermutlich würde das in dem Bereich sein, wo das Wasser etwa vier Meter tief ist. Wir markieren die Stelle auf der Seekarte.

Wir legen die Ausrüstung an, schnorcheln von unserem Ankerplatz um Cabezo Sambo herum und suchen den vermuteten Schiffsfriedhof. Mit der schweren Tauchausrüstung paddelnd, ist es doch eine beträchtliche Entfernung, für die wir gut eine Stunde brauchen. Wir erreichen die von uns gewählte Position im Südosten und tauchen ab.

Prompt haben wir den ersten Fund: ein alter Schiffsanker auf 3,70 Metern Tiefe, der halb vergraben im sandigen Untergrund ruht. Doch vom dazugehörigen Schiff ist nichts zu sehen. Unweit vom Anker hebt sich aber ein verdächtig aussehendes Korallenriff vom weißen Sandgrund ab. Es ist etwa 30 Meter lang, sechs Meter breit und vielleicht anderthalb Meter hoch. Die Schiffsform ist unverkennbar. Doch nicht ein hölzernes Spant ist mehr zu sehen, nur Fächerkorallen, sich wiegende Polypen und Scharen von kleinen Fischen. Ein etwa anderthalb Meter großer, silber glänzender Barrakuda steht fast still über diesem Refugium, als sei es seine Welt, die er vor Eindringlingen zu bewachen habe. Wenn unter dieser bunten Unterwasserwelt ein Schiff begraben sein sollte, muß es seit Jahrhunderten hier liegen.

Wir bleiben auf der Tiefe und tauchen im Halbkreis langsam um die Insel herum. Unter uns ist wieder feiner weißer Sand. Nach etwa zehn Minuten sehen wir noch so einen Haufen Korallen, der an eine Schiffsform erinnert. Der vermeintliche Bug zeigt schräg hinaus zum Flachwasser, wo er fast die Wasseroberfläche durchbricht. Das Heck geht bis auf sechs Meter Tiefe, wo Teile davon verstreut liegen, die wiederum von Korallen überwachsen sind. Noch etwa drei Meter tiefer, kurz vor der Kante, wo der Grund steil auf über tausend Meter Tiefe abfällt, sehe ich einen etwa vier Meter langen Gegenstand im Wasser liegen, der ebenfalls ringsum überwuchert ist. Ich vermute zuerst, es sei ein Rundholz aus dem Rigg und versuche, es anzuheben. Doch das umwachsene runde Teil ist so schwer, daß ich es selbst unter Wasser keinen Millimeter bewegen kann. Das ist eindeutig eine Kanone. Doch um ein Stück von der glänzenden Bronze zu sehen, müßte man erst den festen Bewuchs ringsum zertrümmern.

Wir haben einen Schiffsfriedhof gefunden, unter dessen Oberfläche Jahrhunderte alte Holzschiffe, wahrscheinlich spanische Galeonen, ruhen. Nach 40 Minuten sind unsere Luftvorräte aufgebraucht. Wir tauchen auf, blasen die Tarierwesten voll Luft und paddeln auf dem Rükken liegend zurück zur LOUISETTE. Da wir ein wenig erschöpft sind und gelegentlich Pausen einlegen, brauchen wir jetzt dazu weit mehr als eine Stunde Zeit. Doch es ist angenehm, sich im Wasser paddelnd die Nachmittagssonne ins Gesicht scheinen zu lassen.

Wenn ich die Augen schließe, sehe ich die von Korallen überwucherten

Wracks wieder vor mir. Was hatten die Segler geladen? Sind es eventuell zwei von den rund dreitausend spanischen Galeonen, die in diesem Seegebiet verschwunden sind? Stammen die Schiffe eventuell aus der Zeit vor 1530? Bis dahin gab es nur eine Ladung. Doch wie kommt man durch den in Jahrhunderten gewachsenen Sarkophag aus Korallenkalk?

Wir haben kein Recht, die Wracks anzutasten. Der Bärtige hat in Kuba alle Schätze des Meeres unter staatliche Hoheit gestellt. Und doch gebe ich zu, daß ich allzu gerne einmal etwas von dem in der Hand halten würde, was die spanische Flotte im 16. Jahrhundert hier entlang transportierte. Und ich habe die Hoffnung, daß uns dies gelingen wird, hier in Kuba. Wo denn auch sonst?

Auf der LOUISETTE werfen wir unseren tragbaren Kompressor an, den Mischa noch kurz vor Beginn unserer Reise beschafft hat. Doch es gelingt uns leider nicht, die drei 15-Kilo-Flaschen so schnell mit Preßluft zu füllen, um vor dem Abend noch einen Tauchgang einzulegen. So entscheiden wir, gleich am nächsten Morgen noch einmal den Tauchplatz mit den überwachsenen Galeonen aufzusuchen. Danach wäre immer noch Zeit, die restlichen 37 Seemeilen bis nach Cayo Largo zu segeln, um dort vor Einbruch der Nacht anzukommen.

Doch am nächsten Tag kommt alles anders: Wir sind zwar gleich nach Sonnenaufgang auf den Beinen, um unsere Tauchausrüstung fertig zu machen, doch dann kommt ein kleines Motorboot der Küstenwache mit steiler Bugwelle auf uns zugebraust. Das Boot geht längsseits, und ein junger Offizier sagt, er hätte Order, uns mitzuteilen, daß wir sofort Funkverbindung nach Cayo Largo aufnehmen sollen. Er komme aus der Region, doch sein UKW-Gerät sei zu schwach, darum sei er hergekommen.

Wir bedanken uns. Daraufhin braust das kleine Wachboot so schnell davon, wie es gekommen war, jedoch nicht zurück nach Cayo Largo, sondern nur etwa eine Meile von uns fort und bleibt dort liegen. Ganz klar: Man will uns im Auge behalten. Ich habe schlechte Laune, denn ich ahne, daß der zweite Tauchgang zu den Galeonen aus irgendwelchen Gründen sicher nicht stattfinden darf.

Unsere perfekt spanisch sprechenden Crewmitglieder bemühen sich um die Funkverbindung, die aber nicht richtig klappen will. Kein Wun-

Das Boot an unserer Seite...

der, die Distanz ist zu groß für einen Sprechkontakt über UKW. Aus dem leisen Krächzen im Lautsprecher entnehmen wir jedoch, daß wir sofort nach Cayo Largo kommen sollen. Dort würden man uns schon erwarten. Ein Flugzeug stünde schon bereit, um uns nach Havanna zu bringen.
Wir gucken uns fragend an. Keiner weiß, was das bedeuten soll. Wir sind in Kuba. Einmal mehr sieht es so aus, als ob wir hier nicht selbst unseren Kurs bestimmen könnten, sondern immer wieder irgendwelche imaginären Hände ins Steuerrad griffen.
Rüdiger macht seinem Unbehagen Luft: „Dieses Land treibt mich noch zum Wahnsinn. Nichts kann man vernünftig planen. Nie weiß ich, was ich für Material einlegen muß. Und was soll das auf einmal mit Havanna? Nehmen sie uns die Ausrüstung weg? Kommen wir in den Knast? Oder lädt uns der Maximo Lider persönlich zum Schatztauchen ein?"
Stephan schmunzelt nur: „Dieses Land hat eben viele Gesichter, und wir sollten dankbar sein, daß wir in der Kürze der Zeit so viele davon zu sehen bekommen."
Ich ziehe meinen Camaro-Overall wieder aus. Der gestrige Tauchgang

war wohl der letzte. Daniel und Mischa besprechen den Segelkurs nach Cayo Largo. Mischa kennt sich in dieser Region ganz gut aus, denn auf Cayo Largo liegen die Yachten seiner Firma. Gegen neun Uhr lichten wir den Anker und motoren um Cabezo Sambo herum nach Süden ins tiefe Wasser. Obwohl nur zwei bis drei Windstärken herrschen und Rasmus ungünstig fast von vorn bläst, ziehen wir die Segel hoch. Alle haben das komische Gefühl, daß das Funkgespräch mit Cayo Largo bestimmt nichts Gutes bedeuten kann. So lassen wir uns besonders viel Zeit und wollen den vermutlich letzten Tag unter Segeln richtig auskosten. Meine stille Hoffnung, noch irgend etwas von den Schätzen der Galeonen oder von der Beute der Piraten zu sehen zu bekommen, habe ich so gut wie abgehakt.

Wir lassen den Archipiélago de los Canarreos an Backbord liegen und steuern hoch am Wind in Richtung Osten. Abgesehen von den zwei Mann, die immer im Wechsel die LOUISETTE steuern, liegen alle an Deck und schlafen oder dösen einfach vor sich hin. Kurz nach 17 Uhr erreichen wir die Ansteuerung von Cayo Largo. Ein natürlicher Kanal, an dessen Ufern Mangroven wachsen, führt in eine wunderschöne Bucht, wo an einer neuen Steganlage etwa 20 Yachten liegen. Am Ufer stehen geschmackvoll gebaute neue Häuser mit gläsernen Fassaden und Dächern, die mit Palmenblättern gedeckt sind. Dort ist das Büro der spanischen Charterfirma K. P. Winter untergebracht, Mischas Refugium.

Wir machen die LOUISETTE am Kopf des Steges fest, wo Mischas Mitarbeiter schon auf ihn warten und ihn mit Neuigkeiten überfallen. Auf dem Steg stehen zwei junge Kubanerinnen, wovon die eine, als sie Stephan entdeckt, vor Freude kreischend zum Boot gerannt kommt. Es ist seine Freundin Diosany aus Havanna, die ihn hier ersehnt hat. Und schon liegen sie sich in den Armen.

Die zweite junge Frau verhält sich etwas zurückhaltender. Ich erkenne sie sofort: Es ist die Archäologie-Studentin Cristina aus Havanna. Sie sieht noch schöner aus, als ich sie in Erinnerung hatte. Allerdings trägt sie diesmal nicht ihre aufregend kurz abgeschnittenen Shorts, sondern hat ihre schönen braunen Beine in eine neue amerikanische Markenjeans gesteckt. Wo hat sie die Devisen her?

In der bis oben zugeknöpften weißen Bluse macht Cristina heute einen sehr offiziellen Eindruck. Ihre lange pechschwarze Mähne hat die Mu-

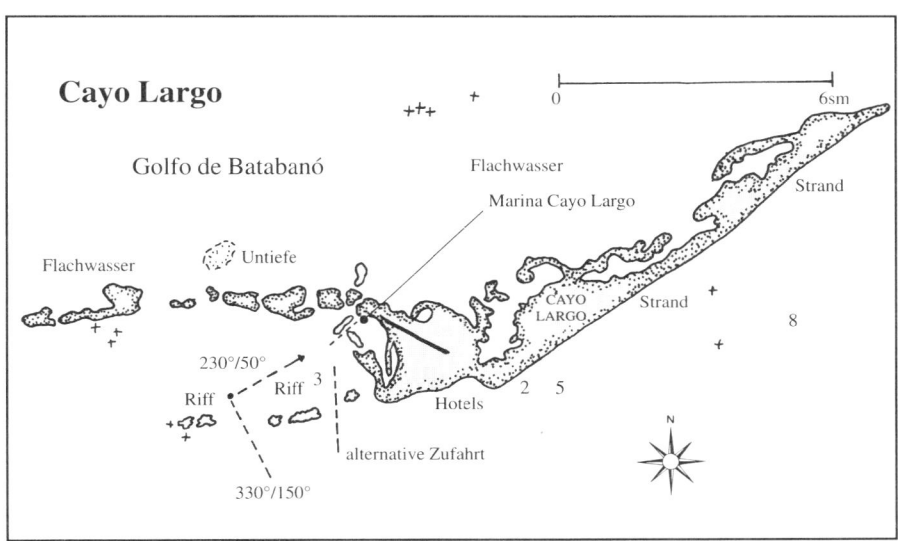

Charterstützpunkt K. P. Winter auf Cayo Largo.

lattin zu einem buschigen Pferdeschwanz zusammengebunden. Die schöne Kubanerin guckt mich mit ihren großen dunklen Augen an und will etwas sagen. Mischa hat mit ihr schon ein paar Worte gewechselt und ruft, wir sollen vom Schiff herunterkommen. Es gäbe eine wichtige Mitteilung. Wir springen auf den Steg, wo Cristina jeden einzelnen mit Umarmung und Küßchen begrüßt.

Cristina spricht in einem Ton, als referiere sie während einer Parteiversammlung vor großem Publikum: „Ich habe den Auftrag, euch zu informieren, daß man bei Carisub in Havanna euer Ansinnen auf höchster Ebene geprüft hat. Die Direktion hat einen positiven Eindruck von euch und eurer Arbeit gewonnen."

„Bekommen wir dafür im Knast bessere Verpflegung?" fragt Rüdiger.

Cristina schmunzelt souverän und bringt dabei mit ihren vieldeutigen Blicken jeden Mann zum Schmelzen: „Unweit von hier steht ein kleiner Doppeldecker, der euch morgen nach Havanna fliegen wird. Dort werdet ihr in der Marina Hemingway auf eine Motoryacht steigen. Ich werde mit euch kommen, und wir werden zu einer nur wenigen Leuten bekannten Position auf See fahren. Wenn alles klappt, werden unsere Taucher morgen ab elf Uhr mit dem Bergen des Goldes beginnen."

Rüdiger fragt: „Also doch kein Knast? Die Kubaner sind auch nicht mehr das, was sie mal waren!"

Das Gold der Galeonen

Cristina holt uns um sieben Uhr von der LOUISETTE ab. Wir haben am Abend zuvor unsere Sachen gepackt und nehmen jetzt Abschied von Susann Louis und Daniel Mantovani. Während der Wochen auf See sind wir Freunde geworden, und es tut richtig weh, sich von ihnen und ihrem schönen Schoner trennen zu müssen. Sie werden allein das Schiff zurücksegeln nach Varadero, dem bekannten Ferienort östlich von Havanna, um dort mit Tagesausflügen für Hotelgäste Geld zu verdienen. Mischa hat einen Kleinbus organisiert, der uns zum Flughafen von Cayo Largo bringen wird. Auch von unserem treuen Begleiter Mischa müssen wir Abschied nehmen. Sein Job, in Kuba den Charter-Tourismus aufzubauen, ist hart, und er wird jetzt dringend gebraucht. Die Sonneninsel Cayo Largo soll wichtigste Basis zum Verleihen von Segelyachten westlichen Standards werden. Inzwischen bringt schon das Lufttransportunternehmen LTU einmal in der Woche einen Airbus voller deutscher Urlauber nach Cayo Largo, die hohe Ansprüche stellen an die Schiffe und den Service rund um den Wassersport. Von den in Kuba allgegenwärtigen Stolpersteinen dürfen zahlende Urlauber natürlich nichts spüren. Da hat Mischa für die nächsten Jahre alle Hände voll zu tun. Denn die kubanischen Administratoren, das haben wir selbst erfahren, verstehen von diesem Geschäft bis heute sehr wenig. Mischa fährt uns zum Airport. Dort steht unsere Maschine. Dabei ist der Begriff „Maschine" vielleicht nicht ganz zutreffend. Es handelt sich um einen russischen Doppeldecker vom Typ AN 2, Baujahr 1958 und seit 30 Jahren in kubanischer Wartung und Pflege. Da ich weiß, daß es in Kuba nicht einmal eine Radmutter für einen Mietwagen zu kaufen gibt – darum fehlt an den Wagen jede zweite –, kann ich mir vorstellen, daß auch an dieser abenteuerlichen Flugmaschine so manches improvisiert worden ist.

Hat hier jemand Angst vorm Fliegen?

Mischa meint zum Abschied: „Mach dir keine Sorgen, runtergekommen sind die bisher immer."

Ich stelle das nicht Frage. Wenn ich die Blessuren am Flugzeugrumpf sehe, wundere ich mich viel mehr, daß sie hochkommen. Das Profil der Reifen ist abgefahren bis auf das Gewebe, und jedes Rad spurt in eine andere Richtung. Ich bedauere, daß der Fernsehredakteur Wiel Verlinden nicht mehr bei uns ist. Er dreht nämlich gerade beim WDR eine Reportage über unsichere Flugzeuge und Luftfahrtgesellschaften. Ich würde jetzt so gern sein Gesicht beim Anblick dieses Doppeldeckers sehen.

Wir verstauen unsere Ausrüstung sowie das persönliche Reisegepäck im Heck des Doppeldeckers. Im Innenraum gibt es hintereinander fünf Sitzreihen: Rechts vom schmalen Gang befinden sich jeweils zwei Sitze, links nur einer. Im Cockpit ist wie üblich je ein Platz für den Piloten und den Copiloten. Der dritte Mann der Besatzung nimmt ganz hinten im Gepäckraum auf einer Kühlbox Platz.

Ich sitze zusammen mit Cristina auf dem hinteren Doppelsitz. Der Flugkapitän hat versprochen, zu Beginn des Fluges die Tür offenzulassen, damit wir ein paar Aufnahmen von Cayo Largo machen können. Der Pilot startet die Maschine, der Motor hustet und stottert. Nach etwa einer Minute ist er warm und brummt gesund in einem tiefen Ton. Der Doppeldecker braucht nur wenig Anlauf, um bei niedriger Geschwindigkeit abzuheben. Wir staunen nicht schlecht, wie einfach das geht. Cristina sagt: „Diese Flugzeuge nennt man in Kuba Aero-Traktor, wegen ihrer einfachen und robusten Bauweise. Man kann damit sogar auf dem Acker landen. Wenn unterwegs der Motor ausgeht, ist das überhaupt nicht schlimm. Denn mit diesem Doppeldecker kann man segeln und auch ohne Motor sicher landen."

Ich betrachte die schöne Mulattin jetzt aus nächster Nähe und frage sie, wie sich die exotische Tönung ihrer Haut erkläre. Cristina lächelt und meint: „Von der Seite meines Vaters bin ich reinrassige Spanierin. Das behauptet er zumindest. Doch meine Mutter stammt aus dem Südosten Kubas, aus der Region um Santiago. Dort haben sich die Nachfahren der Indianer zuerst mit den chinesischen, später mit den schwarzafrikanischen Sklaven vermischt. Wieviel fremdes Blut meine Mutter mitbekommen hat, weiß sie aber selbst nicht. Jedenfalls ist sie schwarz, aber eben nicht richtig schwarz. Und aus diesem Rassengemisch bin ich entstanden."

„Stimmt es", will dann Cristina wissen, „daß man in Europa diskriminiert wird, wenn man eine dunkle Hautfarbe hat?"

„Generell nicht, doch im Alltag kann so etwas schon passieren."

„In Kuba hat Fidel einmal gesagt, wir seien alle Mulatten. Daran halten sich alle. Solange die Kommunisten regieren, gibt es keinen Rassismus."

„Und warum willst du dann ein Ticket nach Deutschland haben?"

„Kannst du nicht verstehen, daß ich einmal raus will? Für mich ist Kuba die Insel der Geborgenheit. Aber die moderne Welt ist jenseits des Meeres. Ich will das einmal sehen, wenigstens für ein paar Jahre. Ich studiere Archäologie und will einmal die Alte Welt besuchen. Du kaufst doch ein Ticket für mich? Du kannst mich dafür haben, solange du willst."

„Meinst du das wirklich ernst mit dem Ticket?"

„Aber darüber haben wir schon in Havanna gesprochen! Ich habe mich für euch sehr engagiert, damit ihr heute Dinge zu sehen bekommt, die normalerweise kein Sterblicher sieht. Es war nicht leicht, die alten Companeros zu überzeugen." Cristina guckt mir eine Weile tief in die Augen und meint: „Ich bin davon ausgegangen, daß du genauso Wort hältst wie ich."

Ich erkläre ihr, daß es bisher unmöglich war, etwas für sie zu arrangieren. Wir segelten an einsamen Küsten, wo es keine Flugtickets nach Europa zu kaufen gibt. Ich würde das bei nächster Gelegenheit sofort versuchen. Zugleich schäme ich mich ein wenig, denn ich hatte in den zurückliegenden Wochen nicht einen einzigen Gedanken an Cristina verschwendet. Ich hätte es auch nie für möglich gehalten, daß wir dank ihrer Hilfe eventuell das zu sehen bekommen, wovon wir schon nicht mehr zu träumen wagten.

Der Flug mit der alten Kiste verläuft erstaunlich angenehm. Als wir eine Höhe von etwa dreitausend Metern erreicht haben, kommt der Copilot in die Kabine und fragt, wer von uns eine Runde fliegen wolle. Wir fassen das zunächst als Scherz auf. Doch Cristina meint, das sei durchaus ernst zu nehmen. Ich sage dem Copiloten: „Ich habe aber keinen Flugschein."

Der Schwarze antwortet: „Komm nach vorn. Diese Kiste kannst du auch ohne Schein fliegen."

Neugierig gehe ich ins Cockpit und setzte mich zum ersten Mal hinter den Steuerknüppel eines Doppeldeckers. Es ist ein irres Gefühl. In diesem Moment ist für mich die alte AN 2 das schönste Flugzeug der Welt. Doch ich kann es nicht auskosten, denn Per, Rüdiger und Stephan wollen auch mal fliegen.

Als ich zurück zu meinem Platz komme, brummt die einmotorige Maschine gerade über die Halbinsel Zapata. Cristina hat sich eine dicke Zigarre angezündet, und der Steward bringt uns zwei Cuba Libre. Wir stoßen an und sind guter Dinge. Selten hatte ich soviel Spaß beim Fliegen!

Der Doppeldecker landet gegen 8.30 Uhr auf dem Flughafen Jose Marti in Havanna. Dort nehmen wir einen Kleinbus, in dem unser vieles Gepäck und wir gerade Platz finden. Wir fahren direkt zur Marina Hemingway, wo schon eine Motoryacht mit einer großen Taucherplattform auf uns wartet. Das Schiff ist etwa zwölf Meter lang, drei Meter breit und hat nur im vorderen Teil eine kleine Kajüte.

Die größte Fläche nimmt das Achterdeck ein, welches von einer Sonnenpersenning überspannt ist. Dort stehen 48 Taucherflaschen sicher in hölzernen Boxen. An Spannseilen unter der Sonnenpersenning hängen Tarierwesten und Lungenautomaten bekannter westeuropäischer Marken. Nur die einfachen Bleigürtel liegen wild auf dem Deck herum. Cristina begrüßt den Skipper und den Marinero mit Küßchen. Der erste ist ein Weißer, der zweite ein Mulatte, und sie scheinen auf uns gewartet zu haben. Sie helfen uns, die aufwendige Ausrüstung an Bord zu bringen. Sodann startet Skipper Rafael die Maschine und los geht's.

Ohne an der Grenz- und Zollkontrollstelle, bei der wir einmal tagelang um Genehmigungen betteln mußten, überhaupt anhalten zu müssen, verläßt das Motorboot die Marina Hemingway und braust mit schätzungsweise 25 Knoten westwärts in Richtung Puerto Esperanza. Ich frage den Skipper, ob er mir auf einer Seekarte zeigen könne, wohin wir jetzt fahren. Doch Rafael setzt ein freundliches Lächeln auf und macht mit erhobenem Zeigefinger eine Bewegung wie ein Scheibenwischer und schüttelt dabei den Kopf.

Der Mulatte steuert einen Kurs von etwa 270 Grad, guckt aber nur selten auf Kompaß oder Echolot. Dafür hat er seinen Blick ziemlich starr auf die an Backbord liegende Küstenlinie geheftet. Er scheint dieses Seegebiet zu kennen wie seine Westentasche. Im Cockpit ist zwar ein modernes GPS installiert, doch da mir schon der Blick auf die Seekarte verwehrt wurde, wage ich es nicht, den Satellitennavigator einzuschalten. Nach gut einer Stunde Fahrt sehe ich ein Detail der Küste, das mir bekannt vorkommt. Es ist der Leuchtturm auf dem ehemaligen Fort an der Einfahrt zur Bahía Honda.

Danach geht der Skipper dichter unter Land, und nach einer weiteren halben Stunde sehen wir ein kleines Motorschiff, auf das er zusteuert. Es ist ebenfalls ein Tauchschiff wie das unsere, nur wesentlich größer. Ich schätze es auf 25 Meter Länge. Wir steigen über, dürfen aber unsere aufwendige Foto- und Filmausrüstung nicht mitnehmen. Lediglich eine kleine Amphibienkamera wird gestattet.

Uns begrüßt ein hellhäutiger Mann um die Vierzig mit braungebranntem freien Oberkörper und freundlichem Lächeln. Er heißt Abraham und stellt sich als Chefarchäologe und Bergungsleiter dieser Expedi-

tion vor. Abraham gibt uns an Deck des Bergungsschiffes eine interessante Einweisung:
„Was Sie sehen werden, ist nicht für die Augen der Öffentlichkeit bestimmt. Betrachten Sie es als große Ausnahme, hier sein zu dürfen. Unsere Zurückhaltung gegenüber ausländischen Journalisten hat vor allem zwei Gründe. Erstens wollen wir nicht, daß durch spektakuläre Zeitungsartikel Schatzsucher angelockt werden. Und zweitens gab es unlängst in einem bekannten westeuropäischen Magazin einen Artikel über unsere Arbeit, in dem behauptet wurde, Fidel Castro ließe das Gold heben, damit er seine Schulden bezahlen könne. Diese Aussage ist erstens eine große Dummheit, weil sie nicht stimmt, und zweitens eine Beleidigung für Kuba. Seitdem arbeiten wir lieber ganz im stillen. Wir haben hier in Kuba, an der ehemaligen Route der Galeonen, die höchste Konzentration von historischen Wracks und auch die höchste Konzentration von versunkenen Schätzen auf der Welt. Wir wissen von mehr als 1 300 Galeonen, die an dieser Küste gesunken sind und dort noch heute liegen. Sie gingen unter, weil sie aus navigatorischen oder meteorologischen Gründen Schiffbruch erlitten haben oder weil sie von Piraten versenkt worden sind. Ich nehme an, Ihnen ist bekannt, was die Galeonen transportierten. Von 1503 bis 1530 bestand die gesamte Ladung nur aus Gold, nichts anderem. Danach waren es Gold, Silber, Perlen und Edelsteine. Würde man diese Schätze nach dem heutigen Geldwert in Dollar beziffern, käme man auf schwindelerregende Zahlen, unter denen man sich nichts mehr vorstellen kann."
Während Abraham das erzählt, nimmt er einen runden Gegenstand aus dem Cockpit, der dort als Beschwerer für die eingehenden Wetterfaxe dient. Er reicht den Gegenstand herum, damit wir ihn uns ansehen. Das gelblich glänzende Stück Metall ist gut ein Kilo schwer. Als ich es in die Hand bekomme, spüre ich, wie vor Aufregung mein Puls höher schlägt. Es ist Gold, pures Gold. Das nahezu kreisrunde Stück hat etwa die Größe eines Kuchentellers, ist dabei aber zwei bis drei Zentimeter dick. Angeblich gab es im 16. Jahrhundert noch keine Barren, wie wir sie heute kennen. Die Spanier haben das den Indios geraubte Gold an Ort und Stelle in kreisrunde steinerne Formen gegossen.
Während wir den Barren von Hand zu Hand reichen, setzt Bergungs-

leiter Abraham seinen kleinen Vortrag fort: „Fidel Castro, der selbst Taucher ist, hatte die Idee, die versunkenen Schätze zu bergen und gründete 1981 die Firma Carisub. Wir haben das absolute Monopol, diese Schätze bergen zu dürfen, und der Staat wacht streng darüber. Zeitweise kommt El Comandante persönlich, um sich einen Eindruck von unserer Arbeit zu machen. Die kubanische Marine unterstützt uns. Sie kontrolliert die Hoheitsgewässer. Kein Fremder darf unsere historischen Schätze bergen."

Viele prominente Schatzsucher aus dem Ausland, wie der amerikanische Milliardär Mel Fisher, haben bei Carisub angefragt und bieten Geld und moderne Ausrüstung. Doch niemand bekommt eine Genehmigung. Carisub hat die modernste Ausrüstung aus den USA und Japan gekauft und beschäftigt 60 hochqualifizierte Taucher. Es sind keine Schatzräuber, sondern Wissenschaftler: Archäologen, Historiker, Schriftgelehrte, Numismatiker und Konservatoren. Sie arbeiten in Schichten und bleiben immer jeweils 20 Tage hintereinander auf See, bekommen gutes Essen und Bezahlung. Es ist eine Ehre, zu dieser Truppe gehören zu dürfen. Ihr fehlt es an nichts. Der mächtigste Mann im Staate gewährt ihnen alles, sogar Studienreisen nach den USA oder Spanien sind möglich.

Inzwischen werden Drahtkörbe an Deck gehievt und mit Süßwasser abgespült. In den Körben liegen ebensolche Goldbarren, wie wir einen in der Hand halten, allerdings nicht so blank poliert, sondern noch mit den Resten von Korallenkalk paniert. Abraham merkt unsere Unruhe und sagt:

„Sie werden gleich auf dem Meeresgrund die Reste einer Galeone aus dem 16. Jahrhundert sehen, die mit einer Ladung Gold und Silber unter uns liegt. Wie die meisten Wracks liegt auch diese Galeone sehr flach, etwa drei Meter tief. Es war von ihr nicht mehr zu sehen als eine auffällig geformte Ansammlung von Korallen, aus der sieben Kanonen schräg nach oben herausragen.

Zur Zeit arbeiten zehn Taucher am Wrack. Die Vermessungsarbeiten wurden heute abgeschlossen. Jedes Detail wurde fotografiert und kartografiert. Ein Bergungstrupp ist dabei, die knapp einen Meter dicke Korallenschicht über der Ladung mit Preßlufthämmern abzutragen. Die ersten Stücke der Ladung haben Sie bereits gesehen. Sie können

Wer an das Gold will, muß Schwerstarbeit leisten.

sich jetzt ausziehen und von uns Taucheranzüge leihen. Ich habe für
jeden von Ihnen eine Zehn-Liter-Flasche Preßluft auffüllen lassen. Damit haben Sie rund eine halbe Stunde Zeit."
Wir ziehen die Tauchersachen an. Es ist modernstes westliches Equip-
ment. Zusammen mit dem Chefarchäologen klettern wir ins Wasser
und gehen auf Tiefe. Unweit des Schiffes und dicht unter der Wasseroberfläche sehen wir etwas Einmaliges: Da werkeln zugleich zehn Taucher an den Resten eines Wracks, das ein Laie gar nicht als solches
erkannt hätte. Sie zeichnen und fotografieren das Umfeld eines Hügels
aus Korallen, aus dem sieben farbenprächtig bewachsene Kanonenroh-
re herausragen. Am vermutlich hinteren Ende des Wracks arbeiten vier
Taucher mit Preßlufthämmern, wie wir sie vom Tiefbau kennen. In den
Arbeitspausen kommt ein Taucher mit einem Druckspüler und bläst
damit den Sand vom Boden weg. Der Archäologe zeigt uns darunter
die schwarzen Reste des Spantenskeletts der Galeone. Die abgetrage-
nen Korallenreste und alle noch so unscheinbar aussehenden Fundstücke werden in engmaschige Drahtkörbe gelegt.
Abraham winkt einen Taucher heran, der mit einem Unterwasser-Me-
tallsuchgerät zu uns schwimmt. Der Metalldetektor sieht so aus wie die
bei der Armee benutzten Minensuchgeräte, nur daß die Anzeige-Ein-
heit in einem druckfesten Gehäuse untergebracht ist. Es ist ein hoch-
wertiges amerikanisches Gerät, das sogar die Frequenzen der reflektier-
ten elektromagnetischen Wellen unterscheidet und an dem man able-
sen kann, ob es sich um Eisenmetalle, Kupfer, Bronze, Silber oder Gold
handelt. Abraham hält den Sensor auf einen Korb, der mit abgebroche-
nen Korallenstücken verschiedener Größen gefüllt ist. Die Signallampe
des Detektors leuchtet auf und der Zeiger schwankt zwischen den verschiedenen Metallsorten hin und her. In den Korallenstücken, die ein
Laie achtlos weggeworfen hätte, steckt also Metall, unter anderem Edelmetall.
Bergungsleiter Abraham nimmt den Detektor und taucht mit uns zum
tiefsten Punkt unweit vom Heck, wo eben noch Preßlufthämmer und
Druckstrahler im Einsatz waren. Er läßt das sensible Gerät über den
ehemaligen Laderaum der Galeone kreisen. Plötzlich hält Abraham
inne und umkreist den Fundbereich mehrmals, um seine Größe festzustellen. Er tippt mit dem Finger auf die Anzeige und läßt uns den Stand

Das Gold der Galeonen nach Jahrhunderten auf dem Meeresgrund.

des Zeigers lesen: Die Anzeige steht auf Gold. Abraham greift unter den Sensor und bricht aus einer grauen kalkartigen Masse ein kleines Stück heraus. Vor unseren Augen bröselt er den Kalk ab. Zum Vorschein kommt glänzendes gelbes Metall. Es sind mehrere in Jahrhunderten zusammengebackene Goldmünzen. Jedes einzelne Stück ist heute ein kleines Vermögen wert.

Nach einer halben Stunde sind die Luftvorräte aufgebraucht. Wir tauchen auf und legen die Ausrüstung ab. Der Archäologe meint, um bis dahin zu kommen, habe man über ein halbes Jahr lang hart gearbeitet. Nach dem Bergen der oft noch nicht identifizierten Fundstücke beginnt ein neuer Arbeitsabschnitt, für den die eigenen Labors von Carisub zuständig seien. Um uns das anzusehen, müßten wir mit dem kleinen Motorboot zurückfahren. Man würde in den Labors schon auf uns warten.

Das Boot bringt uns zurück in Richtung Havanna. In der Marina Hemingway machen wir nicht an einem der Stege fest, wo die Yachten anlegen, sondern fahren ganz nach Süden zu einer Pier, wo kein fremdes Schiff anlegen darf. Das ist das Betriebsgelände von Carisub. Das ganze Terrain, auf dem mehrere moderne Gebäude stehen, ist mit hohem Stacheldrahtzaun eingezäunt.

An der Pier empfängt uns der Konservator von Carisub. Er heißt Hector Plata und ist ein freundlicher älterer Herr mit grauem Haar. Plata trägt einen langen weißen Kittel und eine einfache Brille. Wieder müssen wir alle Kameras, Taschen und sonstige lose Gegenstände abgeben. Die Eingänge zu den Labors haben vergitterte Türen, und auf dem Gelände patrouillieren Wachmänner mit umgehängtem Revolver. Der Konservator führt uns durch einen weiträumigen Komplex von Laboratorien. Wenn es sonst in Kuba auch recht ärmlich zugeht, hier scheint es an nichts zu fehlen.

Hier wird nahezu alles konserviert, rekonstruiert und bestimmt, was im Rahmen der Bergungsaktionen gefunden wird. Da stehen alte Holzreste vom Unterwasserschiff neben einer noch gut erhaltenen Schnitzarbeit einer Reling. In einer anderen Ecke werden die Scherben von altem Steingut vom Muschelbewuchs befreit und wieder zusammengefügt. Und im Elektrolysebad liegen zwischen einer angelegten Gleichspannung dicke Silberbarren in einer dünnen Säure. Darin liegen sie über Monate, wobei auf sanfte Art der Kalk der Korallen gelöst wird, ohne daß das Edelmetall mechanisch bearbeitet werden muß und möglicherweise Kratzer erhält.

Der Konservator nimmt einen Barren heraus. Er ist wie das Gold nicht eckig, sondern kreisrund. Dieses Rohsilber, erklärt der Wissenschaftler, stamme aus den Bergwerken Mittelamerikas und sollte nach Havanna verschifft werden. Jedes Stück, das Hector Plata in seine Hände nimmt, ist ein Unikat, zu dem er eine kleine Geschichte zu erzählen weiß. Es werden in seinen Labors nicht nur die Edelmetalle bearbeitet, sondern praktisch jedes zum Fundort gehörende Detail, und sei es nur ein wertlos erscheinender Kupfernagel oder eine steinerne Kanonenkugel.

Carisub praktiziert damit eine beispielhafte Meeresarchäologie. Die wissenschaftliche Arbeit steht im Vordergrund und nicht das brutale Plündern versunkener Schätze. Der Konservator erzählt, die kubanischen Historiker hätten aufgrund der Funde viel gelernt, was bis heute in keinem Lehrbuch stehe. Im vergangenen Jahrzehnt habe sich so viel Kostbares angesammelt, daß man ein Museum füllen könne. Doch ein solches gibt es noch nicht. Damit die Funde zusammen bleiben, werden sie vorerst bei Carisub aufbewahrt.

Der Mann führt uns in einen separaten Raum, der wiederum gesondert vergittert und bewacht ist. Dieser Raum ist etwa 100 Quadratmeter groß. In Vitrinen sind wie in einem Museum die vielen Alltagsgegenstände ausgestellt, die man vom Meeresgrund geholt hat. Hector Plata erklärt: „Wir restaurieren und archivieren jeden Gegenstand, ganz gleich, ob er aus Stein ist oder aus Gold. Die wissenschaftliche Arbeit rangiert über dem materiellen Wert. Und soweit ich das weiß, ist noch kein Stück von unseren Schätzen ins Ausland verkauft worden. Wir sind Archäologen und keine Spekulanten."

Der Konservator geht zu einem Tresor, der die Größe eines geräumigen Kleiderschranks hat. Im Beisein eines Wachmannes öffnet er den Safe. Er ist vom Boden bis zur Decke randvoll mit Münzen, die in Karteikästchen aufbewahrt werden.

„Über 13 000 alte spanische Münzen sind hier archiviert. Sie sind durchweg aus Edelmetall. Die kostbarsten Stücke bestehen aus purem Gold und stammen noch aus der Zeit vor Kolumbus. Als mit und nach Kolumbus die ersten Konquistadoren ins Land kamen, waren die Münzen noch gültiges Zahlungsmittel. Von diesen Goldstücken gibt es nur wenige Exemplare auf der Welt. Ihr ideeller Wert ist darum viel höher als der Wert des Metalls."

Jede Münze steckt in einer kleinen Folientasche und ist mit einem Kärtchen versehen, auf dem die wichtigsten Angaben stehen. Ein ganzer Kleiderschrank brechend voll mit den kostbarsten Münzen – das ist ein unvorstellbarer Schatz. Viele europäische Museen würden sich glücklich schätzen, auch nur ein Stück davon besitzen zu dürfen. Hector Plata sagt, das sei die Ausbeute von rund einem Jahrzehnt.

Gegenüber vom Münzschrank gibt es eine noch größere Tür aus Edelstahl. Dieser Tür sieht man schon an, daß dahinter etwas liegen muß, was nur einer kleinen Minderheit zugänglich ist. Die Stahltür führt in einen Raum, der in das Innere des bereits gut gesicherten Ausstellungsraumes hineingebaut ist. Aufgrund seiner Maße könnte dieser besondere Tresorraum eine Grundfläche von etwa 12 Quadratmetern haben bei einer Höhe von rund drei Metern. Ich frage den Konservator, was sich hinter der Panzertür verberge.

„Ich allein kann und darf diese Tür nicht öffnen. Es gibt nur wenige Personen, die diesen Raum betreten dürfen. Hinter der Tür liegen die größten und kostbarste Schätze, die wir aus der Tiefe holen: Schmuck-gegenstände aus Gold, Perlen und Edelsteinen. Es ist jenes Gold, das den Indianern geraubt wurde. Die Spanier wollten es besitzen, genauso wie die Piraten. Die, die dieses Gold hier besaßen, wurden damit nicht froh, weil sie mit dem Golde untergingen."

Während des Rundgangs durch die Schatzkammer hat Cristina unsere Sachen schon in dem Kleinbus verstauen lassen, weil nicht mehr viel Zeit ist bis zum Abflug unserer Maschine nach Deutschland. Wir ver-einbaren, daß wir uns alle um 16 Uhr auf der Plaza de la Catedral in der Altstadt von Havanna treffen. So hat jeder noch eine Stunde Zeit, ein paar persönliche Dinge zu erledigen.

Ich genieße es, in der letzten Stunde noch einmal durch diese traum-hafte Stadt zu schlendern, in der es nach Meer, Minze, Zigarren und Rum duftet, und wo an jeder Ecke Musik ist. Havanna ist wie ein Rausch, und es fällt mir schwer, mich von dieser Stadt zu trennen. Kurz vor 16 Uhr bin ich an der Plaza. Auf der Straße ist wie immer Musik und Tanz. Ich gehe zum vereinbarten Treff in einem Freiluftcafé unter ho-hen Arkaden, wo ich mit Per, Rüdiger und Stephan den letzten Mojito trinke, während uns drei schwarze Musikanten die traurige Ballade vom Comandante Che Guevara singen.

„Übrigens werde ich nicht mit nach Deutschland fliegen", offenbart mir unerwartet der Unterwasserkameramann Stephan. „Mir gefällt es viel zu sehr in Kuba, als daß ich schon nach Hause fliegen wollte. Ich will noch eine Weile bei meiner Freundin Diosany bleiben."

„Willst du dein Ticket verfallen lassen?"

„Ich habe es Cristina gegeben. Sie wollte doch ein Ticket nach Deutsch-land haben. Und du hattest versprochen, ihr zu helfen."

Während ich mich besorgt frage, ob das stimmen kann oder ob sie mich veralbern, halten sich Rüdiger und Per fast den Bauch vor Lachen. Stephan ergänzt in seinem ruhigen und überzeugenden Ton: „Cristina will nur noch schnell ein paar Sachen erledigen und kommt dann di-rekt zum Flughafen."

Ich nehme das Geflaxe nicht ernst, bezahle die letzten Mojitos und mahne zum Aufbruch, damit wir die LTU-Maschine nicht verpassen.

Auf dem Airport checken Per, Rüdiger und ich nacheinander ein, während Stephan seine Sachen zur Seite schiebt und sich dann von uns verabschiedet. Er bleibt tatsächlich in Kuba. Ich hätte es nicht für möglich gehalten.

Der Airbus ist diesmal zum Glück nicht ausgebucht. Per, Stephan und ich haben hintereinander drei sehr gute Plätze am Fenster bekommen. Die beiden Nachbarplätze sind zum Glück bei jedem frei, so daß wir uns auf einen erholsamen Nachtflug in liegender Position freuen. Während die letzten Fluggäste noch ihre Handgepäck verstauen, lasse ich mich in den Sitz sacken und lehne mich mit geschlossenen Augen zurück. Der letzte Tag hatte es in sich.

Plötzlich stößt mich Per von hinten in die Seite und zeigt zum Fenster hinaus. Da kommt eine junge Kubanerin als letzter Fluggast mit wehendem Haar und zwei Plastiktüten in der Hand die Gangway hinaufgehastet. Ich traue meinen Augen nicht: Es ist Cristina.

Rüdiger läßt das Bordmagazin fallen und meint: „Wollen wir doch mal sehen, bei wem sie sich jetzt niederläßt."

Danksagung

Ich bedanke mich bei folgenden Firmen und Institutionen für die großzügige Unterstützung der Expedition:

Activ Line GmbH, 69250 Schönau
Baltic Dive Center, 24159 Kiel
Big Blue, 23554 Lübeck
Camaro-Tauchausrüstung, 5310 Mondsee (Österreich)
Dräger Werke Lübeck, Tauchzentrum, 23570 Travemünde
Filmproduktion Per Schnell, 50678 Köln
gbb handels gmbh, 47862 Willich
Internationale Bootsausstellung Berlin, 14055 Berlin
JWL Aqualung AG, 78239 Rielasingen
Kodak AG, 70327 Stuttgart
LTU Lufttransport-Unternehmen GmbH & Co. KG, 40468 Düsseldorf
Minolta GmbH, 22923 Ahrensburg
Nikon Professional Service, 40472 Düsseldorf
WDR Fernsehen, 50667 Köln
K. P. Winter Yachtcharter AG, Mallorca (Spanien)/Havanna (Kuba)

Hal Roth
Jede Etappe ein Sieg

Die authentischen Logbuch –Aufzeichnungen des Autors lassen den
Leser die BOC Globe Challenge,
eine Einhand–Regatta um die Welt,
hautnah miterleben. Die zweite
Teilnahme an der „härtesten Regatta der Welt" steht unter keinem guten Stern, aber Aufgeben gilt nicht
im Kampf gegen Stürme, techni-
sche Defekte und seelische Tiefs !

344 Seiten, 33 S/W-Fotos, 13 Karten, Format 22 x 15 cm, gebunden
mit Schutzumschlag.

Robin Knox - Johnston
In 74 Tagen um die Welt

Die britische Segellegende Robin
Knox-Johnston schildert hautnah
das Wagnis eines Rekordversuchs:
Die schlagzeilenträchtige "Trophée
Jules Verne".
In weniger als 80 Tagen um die
Welt, das ist – so die Meinung der
Fachwelt – völlig unmöglich. Ein
packendes Segelabenteuer voller
Spannung.

240 Seiten, 34 Farbfotos, Format
22 x 15 cm, gebunden mit Schutzumschlag.

—————————— überall im Buchhandel erhältlich ——————————